# 初中性教育
## 教师用书

/主编/
苟 萍　罗登远

四川大学出版社
SICHUAN UNIVERSITY PRESS

图书在版编目（CIP）数据

初中性教育教师用书 / 苟萍，罗登远主编. -- 成都：四川大学出版社，2025.6. -- ISBN 978-7-5690-7891-6

Ⅰ．G479

中国国家版本馆CIP数据核字第2025HU0975号

| 书　　名： | 初中性教育教师用书 |
| --- | --- |
| | Chuzhong Xingjiaoyu Jiaoshi Yongshu |
| 主　　编： | 苟　萍　罗登远 |

---

| 选题策划： | 梁　平　杨　果 |
| --- | --- |
| 责任编辑： | 梁　平 |
| 责任校对： | 杨　果 |
| 装帧设计： | 裴菊红 |
| 责任印制： | 李金兰 |

---

出版发行：四川大学出版社有限责任公司
　　　　　地　址：成都市一环路南一段24号（610065）
　　　　　电　话：（028）85408311（发行部）、85400276（总编室）
　　　　　电子邮箱：scupress@vip.163.com
　　　　　网　址：https://press.scu.edu.cn
印前制作：四川胜翔数码印务设计有限公司
印刷装订：四川省平轩印务有限公司

---

成品尺寸：148 mm×210 mm
印　　张：6.125
字　　数：142千字

---

版　　次：2025年8月 第1版
印　　次：2025年8月 第1次印刷
定　　价：38.00元

---

本社图书如有印装质量问题，请联系发行部调换

◆版权所有　◆侵权必究

扫码获取数字资源

四川大学出版社
微信公众号

# 编委会

主　编：苟　萍（成都大学）
　　　　罗登远（成都市龙泉驿区教育科学研究院）

副主编：徐海燕（成都大学）
　　　　马　骋（成都大学）
　　　　曹云飞（成都大学）
　　　　刘明洪（成都市龙泉驿区第七中学校）
　　　　郭　婕（成都市龙泉驿区第七中学校）

编　委：曾小玲（成都市龙泉驿区第七中学校）
　　　　王爱丽（成都市龙泉驿区第七中学校）
　　　　陈俐君（成都市龙泉驿区第七中学校）
　　　　徐金璐（成都大学）
　　　　龚满满（成都大学）
　　　　庞　源（成都大学）
　　　　龙虹宇（成都大学）
　　　　李妍伶（吉利学院）

# 前言

本套性教育教师用书由五个分册组成，分别为幼儿园分册、小学分册（一年级至六年级）、初中分册（七年级至九年级）、高中分册（高一到高三），以及培智学校分册。这是专门为基础教育阶段的教师编写的，用于开展基于生活技能的全面性教育课堂教学，旨在促进我国基于生活技能教育的性教育课程制度化。

儿童和青少年是国家的未来、民族的希望。《中国儿童发展纲要（2021—2030）》在"儿童与健康"第12条明确提出"适龄儿童普遍接受性教育"的目标；为确保这一目标的实现，在"策略措施"第14条要求"将性教育纳入基础教育体系和质量监测体系，增强教育效果"[①]。

基于接受性与性行为的整体愿景，全面性教育不仅包括如何预防怀孕和性传播疾病感染，还可使儿童和青少年能够获取有关人类性行为、性与生殖健康以及人权的准确信息，探索和培养儿童和青少年有关性与生殖健康、自尊、尊重人权和性别

---

① 国务院. 中国儿童发展纲要（2021—2030）［EB/OL］（2024-08-19）［2025-05-08］. https://www.nwccw.gov.cn/2024/08/19/99695018.html.

平等方面的积极的价值观和态度，并鼓励他们的批判性思维。这些技能有助于他们与家庭成员、同龄人、朋友以及恋人建立更好和富有成效的关系。

本套教师用书由四川省青少年性教育普及基地和四川省中小学一线性教育师资队伍共同编写。四川省青少年性教育普及基地一直以来推行学校性教育成绩显著，团队技术力量强大，有着丰富的性教育师资职前培养和职后培训经验，并且基地团队成员及四川省中小学一线性教育教师接受过多轮参与式性教育培训，熟悉以学习者为中心的教学方法，有能力编写一套供中小学（幼儿园）使用的性教育教师用书。

全面性教育是基于课程的教育，旨在培养儿童和青少年的相关知识、技能、态度和价值观，使他们能够随着情感和社会的不断发展，形成积极的性观念。在本套教师用书出版之际，一是希望本套教师用书能够帮助青少年更有权利对包括性与生殖健康在内的性行为做出明智的决定，培养保护自己所需的生活技能，同时尊重他人的权利。二是希望本套教师用书能够引领更多的中小学教师共同参与，从而真正促进中国青少年的性与生殖健康及权利的实现。三是真诚地希望各位使用者在实践中对本书的内容加以完善，并提出中肯的建议与意见，与我们一同推进中国青少年性与生殖健康教育的发展。

本书凝聚了团队成员的集体努力与心血。

本书附有部分案例供性教育教师选用或参考。其中来自书籍的案例均注明了出处。有一些未注明出处的，是来自网络或由一线教师在教育工作实践中根据真实案例改编而成的，为保护未成年人的隐私，这些案例一律不出现地区和学校名称，案例中涉及的人物一律采用化名处理。教师也可在授课中使用自己工作实践中经历的案例，这样的案例可能更贴近学生的生活实践。

感恩一切，砥砺前行！

荀　萍

2025年5月25日

# 目录

001 / 初中生性心理发展特点
012 / 中小学教师应具备的性教育素质
025 / 中小学性教育课堂教学方法策略

## 七年级（上学期）

034 / 第一课 我爱我家
040 / 第二课 第三根情感纽带
044 / 第三课 男性与女性
048 / 第四课 性与媒体
051 / 第五课 我的身体我做主

## 七年级（下学期）

058 / 第六课 我真的很不错，我爱我自己
062 / 第七课 成长的甜蜜与烦恼
065 / 第八课 反对校园欺凌
070 / 第九课 学会宽容与尊重
075 / 第十课 每个人都享有性健康权

## 八年级（上学期）

082 /　　第一课　沟通，让你我更好
088 /　　第二课　爱相伴，向左走，向右走
092 /　　第三课　新生命的孕育
100 /　　第四课　应对同伴压力
103 /　　第五课　携手同行，抗击艾滋

## 八年级（下学期）

112 /　　第六课　做负责任的决定
118 /　　第七课　人人都有秘密花园
122 /　　第八课　如何预防性侵
126 /　　第九课　寻求帮助和支持
130 /　　第十课　价值观与性

## 九年级（上学期）

136 /　　第一课　我能约束我自己
141 /　　第二课　预防性传播疾病
147 /　　第三课　消除歧视，正视艾滋
154 /　　第四课　男女平等更和谐
158 /　　第五课　守护边界：识别与应对不礼貌的性关注

## 九年级（下学期）

164 /　　第六课　美好的婚姻
168 /　　第七课　我的青春我做主
172 /　　第八课　紧急制动：预防怀孕
177 /　　第九课　性、文化与法律
180 /　　第十课　性与多元媒介

# 初中生性心理发展特点

初中阶段往往预示着个体青春期的开始,在此期间初中生身体会迎来人生的第二次发育高峰。最为重要的是,个体进入青春期后,性生理特征出现,身体发育逐渐达到成熟,相应地,心理的各个方面也不断发展。下面将着重讲述个体进入青春期后的生理变化,以及相应出现的认知变化和个性及社会性的变化,并对其性心理及行为特点进行阐述。

## 一、初中生生理发展

初中生普遍进入青春期,身高和体重会出现明显的变化,这和个体在婴儿期的发育高峰类似,因此这一时期常常被称为第二次发育高峰。

### (一)大脑

小学时期儿童的大脑已经接近发育成熟,10岁以前脑重已达到成人的95%,而初中生的脑重及大脑体积的增长并不显著。不过此时大脑的高级功能区在不断地发展,脑成像的研究显示,在大脑皮层上持续发生着对未使用的神经突触的修剪,尤其是在掌管思维和操作的前额叶上。在这个阶段,不同脑区之间的连接得以加强。大脑的这些功能变化,都给个体更为高级的认知和行为发展奠定了基础。另外,一个位于大脑底部豌豆大小的圆形物质——脑垂体,又被称为"主腺体",开始分泌激素到血液里,这些激素可以轮流地刺激其他腺体,以便产生它们需要的特定激素。进入青春期,脑垂体分泌促性腺激素,刺激女性卵巢发育、分泌雌激素和孕激素,也刺激男性睾丸发育、分泌雄激素,这些也为青春期的个体身体发育高峰提供了基础。性腺的发育则会促使女生出现月经初潮,使男生出现遗精现象。

### (二)身高

在进入青春期之前,个体的平均身高增长速度通常在每年5~7厘米之间,男生和女生的身高和生长速度基本相似。值得注意的是,在青春期之前的1~2年,部分个体的生长速度可能会出现轻微减缓的现象。然而,一旦进入青春期,个体的生长模式会发生显著变化,个体平均每年身高增长可达7~9厘米,部分个体甚至能达到每年10~12厘米的增长幅度。另外,男女之间身高的变化会有性别差异,女生往往比男生发育得更早,她们在10岁左右就会进入身高增加的加速期,12岁左右会达到生长高峰;而男生进入身高增加的加速期则是在12岁左右,14岁左右能够达到生长高峰,而后生长速度会逐渐下降。

### (三)体重

随着身高的增长,体重也随之增长。另外,个体的内脏、肌肉和骨骼的变化也是体重快速增长的原因。男生的体重在13~15岁之间增长最快,平均每年增长3~5公斤,同身高变化一样,14岁时达到增长的高峰,15岁之后增长速度迅速下降;女生在11~14岁之间体重增长最快,平均每年增长4公斤,12~13岁女生的体重增长达到高峰,14岁过后增长速度迅速下降。

### （四）第二性征的出现

进入青春期后，个体会出现第二性征。男性主要表现为喉结突出、嗓音低沉、体格变大、肌肉发达、唇部出现胡须、周身出现多而密的汗毛、出现腋毛和阴毛。而女生则表现为嗓音细润、乳房隆起、骨盆宽大、皮下脂肪变多、臀部变大、体态丰满、出现腋毛和阴毛。

### （五）性器官的发育

进入青春期之前，个体的性器官发育缓慢。而进入青春期后，由于性激素的分泌，个体的性器官出现明显的变化。女生的性器官主要包括卵巢、子宫及阴道等，在8~10岁时发育加快，之后发育速度呈直线上升趋势。女生的子宫从10岁开始发育，长度会增加1倍，到了18岁左右停止，其形状和各部分比例出现明显变化。男生的性器官主要包括睾丸、附睾、精囊、前列腺和阴茎等。在10岁之前，男生的性器官发育缓慢，而后迅速发育。

## 二、初中生的认知发展

进入初中阶段后，个体的注意力更有选择性，能够更好地适应不断变化的任务需求。初中生的自制能力有所提升。大脑中所存放的知识更为丰富，元认知能力进一步提升，对信息获取和问题解决的有效策略有了新的领悟；思维加工速度和加工能力进一步提升，有更好的认知自我调节能力。

### （一）思维的抽象性

伴随着身体发育的迅猛发展，初中生心理层面上的认知结构和思维过程出现变化，并在言语、感知、记忆、想象以及思维方面有进一步发展。初中生的思维特点处于皮亚杰理论中的

"形式运算阶段",在这个阶段,初中生可以在头脑中把事物的形式和内容分开,以脱离具体事务,根据假设来进行逻辑推演,并运用形式运算来解决诸如组合、包含、比例、排除、概率及因素分析等逻辑问题。初中时期,抽象逻辑思维占主导,但具体形象思维仍可以起作用。初中生的抽象性思维主要表现为其能够运用假设、进行逻辑推理和运用逻辑法则。初中生开始明白问题的"可能性"与"现实性"能够通过首先挖掘出隐含在问题材料情境中的各种可能性,其次运用逻辑分析和实验证明的方法对每一种可能性予以验证,最后确定哪一种可能性是事实。初中生开始具备各种逻辑推理的能力,但不同年级之间的初中生在推理发展水平和推理运用水平上有明显的差异。另外,初中生的逻辑推理能力发展存在不平衡性,一般而言,归纳推理能力要高于演绎推理能力。此外,初中生推理开始使用各类逻辑法则,主要表现在对矛盾律、排中律和同一律的认识上。

(二)思维的矛盾性

初中生的思维品质发展存在着矛盾性。初中生思维发展的创造性和批判性日益显著。初中生具有强烈的求知欲和探索精神,他们兴趣广泛、思想活跃、敏感,喜欢进行丰富的、奇特的幻想,喜欢别出心裁和标新立异,在许多方面都表现出强烈的创造欲望。初中生的思维发展也存在着明显的批判性,在思维活动中善于严格地分析思维材料并精细地检查思维过程,具有分析性、策略性、全面性、独立性以及批判性的特点。初中生思维批判性明显增长,主要表现为:一是他们不愿轻易地接受别人的意见,对别人的思想、态度及意见经常要做一番审查,甚至有时持过分怀疑和批判的态度；二是他们开始严肃认真地对待自己的思想和主张，能够有意识地调节、支配、检查和论证自己的思想；三是在对世界宇宙的看法上，他们开始热衷于探讨那些极为深奥的星辰运转、生命起源等问题。虽然初中生思维具备了创造性和批判性，但与此相矛盾的是，初中生的思维也具有明显的片面性和表面性等特点。初中生思维的片面性主要表现为其思维的偏激和极端，他们在面对问题时往往不能全面、辩证地分析问题并解决问题，仅仅能抓住一点而看不到全局。初中生在对人、对事的态度上，可能会表现出一定的片面性。初中生在思考、分析问题时容易钻牛角尖，经常陷入思想的死胡同而不能自拔。初中生在表现出创造性的同时，也会在思维方式上表现得缺乏严谨细致的安排。而思维的表面性则表现为他们在分析问题时，经常被事物的个别特征或外部特征困惑，很少能深入事物的本质进行思考。

### （三）思维的自我中心性

初中生在思考问题或对事物进行判断时容易受到自己的需要和情感的强烈影响，这被称为自我中心性。他们已经能正确地认识客观世界，能够分清楚现实和自己产生的想象之间的区别，能够了解并考虑别人的想法。但是他们不能明确地区分自己所关注的中心与别人所关注的中心的不同所在。初中生的自我中心性主要表现为"假象的观众"和"独特的自我"。初中生会感觉自己是生活的中心，仿佛自己站在舞台上一样，受到万千观众的瞩目，如若自己表现不好则容易受到别人的批评，而表现良好则会受到他人的欣赏和表扬。所以，初中生非常重视别人对自己的评价，他们会花费很多的时间与精力来对付自己假想出来的观众。另外，初中生会认为自己是与众不同的，他们会将思想集中在自己的情感上，夸大自己的情绪感受，认为自己的体验是独一无二的。

### 三、初中生个性与社会性的发展

#### （一）自我意识

进入初中阶段，个体会迎来自我意识发展的第二次飞跃。第一次发展飞跃出现在幼儿时期。初中生由于生理方面强烈的变化，会产生惶惑的感觉，自觉或不自觉地将自己的思想从客观世界抽离，重新指向自己的身体，指向自己的主观世界。初中生的内心世界较之前更加丰富，在日常生活和学习中开始对自己内省。开始问自己诸如"我是什么样的人""别人为什么不喜欢我"等问题。另外，初中生会出现一系列的主观偏执倾向，常常会认为自己才是正确的，而不去选择听取别人的意见。他们会特别在意别人的举动，当别人在低声说话时，往往容易认为别人是在议论自己；看到别人面露微笑时则会认为是在对自己微笑。

#### （二）"成人"与"幼稚"的矛盾心理

初中生由于自我意识的高涨以及中枢神经系统的兴奋性过强，常常导致对成人的反抗心理。初中生的反抗主要表现在当自己的独立意识受到阻碍时，或当自己的自主性被忽视时，抑或是当受到成人的强迫接受某种观点时，他们会表现出强烈的不认同。反抗的方式主要表现为：强硬的态度和粗暴的举止；对事情漠不关心和冷淡相对；反抗的泛化，当某一任务的某一方面的言行引起他们的反感时，就倾向于将这种方案及排斥迁移到这一任务的方方面面。不过青少年的这种反抗，并不意味着他们完全独立。在很大层面上他们仍然需要依靠自己的父母,只是不同于在童年时期对父母的依赖,他们在情感和生活上的依赖大大减弱。另外,青少年时期个体的内心越来越丰富,但是因为对外界的不信任和不满意,他们选择表露的信息往往很少。他们会试图寻找一些渠道进行释放,例如寻找朋友,一旦找到他们认为可以真心相待的朋友,他们将毫无保留地坦诚相待。初中生会表现出很强的勇敢精神,但这种勇敢常带着一些莽撞与冒失。在一些时候,例如公共的社交场合,他们又会表现出害羞、不够从容。初中生通常不能很好地评价自己,几次小的成功就可能导致他们高估自己的能力,认为自己是一个了不起的人;而几次小的失败同样也会使他们对自己失望,感到极度的自卑。初中生对于过去的看法,特别是对于自己童年时期的看法多带有矛盾性。一方面,他们认为自己现在一切的行为都应该与幼小儿童的表现区分开,力图对童年加以否定;另一方面,初中生的内心又保留着对自己童年的眷恋。

（三）情绪

青少年时期的情绪具有喜怒无常的特点。有研究表明,这可能与青春期个体的激素分泌水平有关。青少年时期的快乐情绪要比童年及成年时期显著少,这可能与这一特定时期个体所经历的种种有关系。消极情绪与很多消极的生活事件有关,比如与父母的交往困难,在学校受到批评,与伙伴之间的关系破裂。初中生的情绪呈现矛盾性的特点。

首先,初中生的情绪表现出时而强烈、狂暴时而又温和、细腻的特点。有人将青春期又称为"疾风骤雨期",来形容这个时期的青少年情绪爆发的强烈,一个小的情绪刺激都可能会

诱发他们强烈的情绪。另外，初中生克服了儿童时期情绪的单一性和粗糙性，而表现得越发丰富。

其次，初中生情绪具有可变性和固执性。他们的情绪常常表现得不够稳定，容易从一种情绪快速转为另一种情绪。而他们对客观事物的认识还存在着偏执和固执。

再次，初中生的情绪表现出隐藏性。在某些场合，他们会将喜、怒、哀、乐等各种情绪隐藏在自己的心中不予表现出来。进入初中以后，初中生难以在短时间内适应初中生活，会出现许多烦恼。他们此时可能会体会到孤独感，在青春初期，这常常被称为"心理上的断乳期"。这个时期的初中生要求独立，但往往在现实生活中很难摆脱对父母的依赖，所以在心理层面，他们往往会感到孤独。

另外，初中生的自尊心容易受到打击，但他们又有争强好胜的冲动，在这种情形下，常常会产生压抑情绪的状态。

（四）道德

在儿童时期，个体的道德进入自律道德阶段，他们不再认为规则是固定不变的，而是灵活的，必要时可以修改的行为标准。到了青少年时期，他们会采用一种理想互惠的公平标准。

（五）人际交往

初中阶段，因为情感的日益丰富，这个时期的友谊会比以后各年龄段朋友之间的友谊更为直率，更容易被观察到。进入初中，男女生之间的关系有了新的特点。双方开始认识到性别问题，并对对方逐渐产生兴趣。进入初中，当个体开始有一位自己所喜欢的异性朋友时，这个时期的爱慕之情显得较为稚嫩，缺乏牢固的基础，很少能够保持下来并最终发展为爱情和婚姻。另外，初中生在友谊的认知上存在着年龄和性别的差异。初一学生在关心和帮助、信任与尊重上要显著好于初二学生；女生在关心和帮助、重情轻利与信任、尊重上要显著好于男生，女生在陪伴娱乐、肯定支持和亲密袒露上要好于男生，男生的竞争力要好于女生。与儿童时期相比，初中生在异性交往方面的愿望是迫切的。研究表明，初中阶段愿意与异性交往的人数要远远高于不愿意与异性交往的人数，而且随着年级的增长，这种差距会越来越大。相较于男生，女生显著地更愿意与异性进行交往。

初中二年级是学生交往心理发生显著变化的时期。在这个时期，大多数的学生将由对异性心理上的疏远转变为对异性心理上的亲近。异性交往成为初中生心理发展过程中不可缺少的需要。初中生的异性交往动机，存在着浓厚的感情色彩。他们选择的标准通常第一位是相貌英俊或漂亮，第二位是成绩优秀，第三位是思想品德好，以满足他们的精神寄托与感情慰藉。这种标准也存在着一定的性别差异，男生较为看重女生的相貌，而女生则更加重视男生的学习成绩和思想品德。进入青春期，个体与父母的关系开始发生变化，亲子间的冲突次数显著增加。初中生竭力想摆脱父母，主要表现为初中生在情感上有了其他的依恋对象，与父母的情感变淡；在行为上要求独立，常常反对父母对他们的干涉和控制。此时的初中生开始喜欢分析和判断，不再盲从父母的观点，而常常审视那些与父母不一致的观点；父母在他们心目中的地位下降，榜样作用降低。

### （六）性取向

一般而言，性取向的形成是在青少年早期，也有研究者认为个体性取向的形成时期可能更早。性取向包括两个方面：自

我标示和表露。

### （七）对于性的困扰

进入青春期，因为会出现第二性征，初中生会面临体像抑制方面的困扰。男生可能会对自己出现的第二性征感到害羞、不安和不能理解；女生则可能会因为乳房的发育对自己不满意，为自己体型的变化而感到烦恼。因为身体上的变化，以及初中生特别在意他人对自己的评价，他们在体像和自信心方面可能都会出现问题。随着性生理的发展成熟，个体的性意识也开始觉醒。青少年时期较为常见的是性意识方面的困扰，大多数青少年能在老师和家长的帮助下以及自我调节后正确对待这些问题，但还是有少数初中生因为对性心理方面的认知不够而产生困惑。初中生对于自慰行为也会产生困惑，有些还会产生自卑心理。

### （八）心理能力的性别差异

由于大脑的发育表现出一定的性别差异，比如女生在大脑左半球的早期发育中显示出生物学上的优势。在青少年时期，女生在一般言语能力的测试中，往往要好于男生。女生在阅读和写作上的优势，在整个青少年时期会一直增强，而男生在写作上则表现相对差一些。另外，在学习能力上，在儿童时期便表现出一定的性别差异。到了中学，数学问题变得越来越概念化、抽象化、空间化，这时候不少男生的成绩会超过女生。

## 四、初中生性心理与行为特点

进入青春期。大多数男孩的睾丸和阴茎开始增长，腋毛和阴毛也开始出现。他们的声音变得浑厚、面部毛发开始生长。平均来说，13岁左右经历第一次遗精，这是一个迹象——表明他们已经性成熟，有了繁殖下一代的生理条件。

女生也在不断发展，开始出现腋毛和阴毛。女孩大概在12岁左右（平均）经历第一次月经初潮，这是性成熟的标志，意味着女生有了怀孕的生理条件。

有研究表明，12～14岁的青少年开始关注异性和对异性产生兴趣，发生好感，希望接近异性，被异性议论。14～16岁的的青少年开始有性冲动和欲望。

青少年会对他们的身体成长与变化感到不确定："这是正常的吗？""其他同龄人是不是发展太慢了？"

青少年必须习惯他们的"新身体"，不然会常常感到尴尬和不舒服。

青少年建立了对性的自我感觉：他们认为可以有性征，这在吸引异性时是很重要的。由于对身体状况的不确定，他们往往也同样不确定自身的吸引力（对潜在的对象）。

这个年龄段的青少年往往对别人的意见非常敏感：会受到同龄人的影响。

他们也开始寻找具有性吸引力的同龄人。

当代的中学生受到西方文化及现代媒体的影响，对性已经较为开放。

男生和女生渐渐了解他们是否喜欢男生还是女生（性取向）。

会有第一次真正意义上的爱情。

第一次和别人在一起，建立恋爱关系。

# 中小学教师应具备的性教育素质

全面性教育（Comprehensive Sexuality Education）提出的"科学准确、循序渐进、适应年龄和发展水平、全面综合、基于人权原则、基于社会性别平等、文化相关性和环境适宜性、促进根本性变化、能够培养出健康选择所需的生活技能"[①]等理念已在国际范围内达成共识。性教育工作者可能是原来的授课教师（尤其是健康教育或者生活技能教育教师），或者是接受过专门训练的性教育教师，他们通常需要辗转于各个班级，教授各个年级性教育课程。中小学教师的性教育素质集中表现在性教育理念、性教育知识、性教育能力、性法律意识四个方面。

## 一、性教育理念

全面性教育是一种基于生活技能的性教育课程，探讨性的认知、情感、身体和社会层面的意义的教学过程，其目的是使儿童或年轻人具备一定的知识、技能、态度和价值观，从而确

---

① 联合国教科文组织. 国际性教育技术指导纲要（修订版）[EB/OL].（2018-07-17）[2025-05-09]. https://unesdoc.unesco.org/ark:/48223/pf0000260770_chi?posInSet=1&queryId=01c60311-1dfb-4d59-a36a-7cfbe30e505f.

保其健康、福祉和尊严①。中小学性教育包括性生理、性心理、性的社会文化内涵、维护性健康、预防性疾病、性别意识、性别社会化、性别平等及家庭生活等诸多方面。教师应坚持性健康科学的态度，树立科学的性教育理念，充分关注学生的性成长，认识到学生性成长的特点与需求，并加以适时、适当、适度的引导和解答。

全面性教育培养相互尊重的社会关系和性关系，帮助儿童和年轻人学会思考自己的选择如何影响到自身和他人的福祉，并终其一生懂得保护自身权益①。因此中小学性教育教师要打破"无须教育论"和"无师自通论"的观点，坚持"以人为本"的学生观，承认性知识对于学生发展的重要性，充分认识到学习性教育是促使学生人格完善的重要途径，要与学生形成共同参与、全程互动的课程教学观，并在教学中赋予学生自由表达自己想法和提出疑问的机会，通过交流和分享等途径构建动态教学过程。

教授性教育课程通常都会涉及新的概念和教学方法，因此教师意识提升、价值观澄清和参加培训就很重要。通过系列培训，教师应掌握并实践参与式教学法，平衡好内容学习和技能学习的关系，以将要实际开展的课程为基础，提供关键课程内容的模拟教学机会，有清晰的教学目标和远期目标，并接受教学效果反馈。此外，培训有助于教师区分个人价值观和学生对健康的需求，提升其能力和信心，鼓励他们完整地而不是有

---

① 联合国教科文组织. 国际性教育技术指导纲要（修订版）[EB/OL]. (2018-07-17)[2025-05-09]. https://unesdoc.unesco.org/ark:/48223/pf0000260770_chi?posInSet=1&queryId=01c60311-1dfb-4d59-a36a-7cfbe30e505f.

选择性地教授课程，应对推行全面性教育时可能会出现的挑战（比如班级规模较大）。

## 二、性教育知识

### （一）广博的性保健与性文化知识

从事性教育工作的中小学教师应具备广博的性保健与性文化知识，其内容应涉及动植物有性生殖过程中的关键生物学现象、性文学与性艺术作品赏析、性审美与性美学、性生理卫生保健等。这些知识不仅可以为师生交流创造更多共同语言，把性教育渗透到课堂教学、班级活动、校园文化等多项活动之中，使性教育过程丰富多彩、生动活泼，与学生拉近交往距离，也有助于教师及时准确地发现并解决学生遇到的更多性问题。

### （二）系统而全面的性教育专业知识

性教育专业知识包括性生理系统的结构与功能、性心理发展特点与规律、性现象的社会存在特征、性教育的原则与方法、性教育课程设计的依据与过程、性法律与性道德规范等方面。性教育学科初步形成了一套理论体系，为性教育教师进行教育教学提供了基本的理论知识。很多教师缺乏讲授敏感或有争议话题的专业知识和经验，也没有机会接受有针对性的、专业的全面性教育培训。高质量的专业学习能帮助教师脱敏，并提升教授全面性教育各相关主题的能力，为教师准确且高质量地开展旨在提升健康与福祉的教育活动提供了可能，从而对健康行为产生积极的影响。教师应对社会性别、人权以及健康等议题有充足的知识，包括年轻人在不同年龄会发生的风险行为、什么样的环境以及认知因素会影响这些行为，以及如何通过针对参与式教学方法来最好地处理这些因素。教师应具备有关艾滋病、其他性传播疾病感染、避孕、早孕以及非意愿怀孕的科学知识，以及基于证据的、科学准确且客观公正的信息。

尽管强有力的证据表明禁欲型性教育是无效的，但仍然有很多国家推行这样的性教育。禁欲型性教育在一些话题上更可能包含不完整或不准确的信息，比如有关性交、同性恋、自慰、人工流产、社会性别角色和社会性别期待、安全套以及艾滋病病毒的话题[①]。

### （三）性教育教学方法选择的知识

性教育方法有知识讲授法、参与式教学法、个别指导法、咨询辅导法等，每种方法适用于不同的教育内容和不同的教育对象。就教育内容来说，知识讲授法主要针对有严谨科学性的教学内容；参与教学法主要针对学生中有争议的问题和观点；个别指导法主要针对个别学生不具普遍性的问题；咨询辅导法主要针对学生困惑，且具隐私性的问题。就教育对象来说，对中小学生主要采用讲授法、比喻、引导与延伸。另外，在选择和运用性教育教学方法时，应协调、有序地在性教育教学中综合运用多种方法，以形成教育合力，产生综合效果；应吸收和运用现代教育科学研究的成果，不断运用这些相关学科取得的最新成果，丰富和发展性教育的方法体系。

青少年对性教育的系统性参与有助于提升全面性教育的质量。学习者不应该是性教育的被动接受者，而应该在性教育的

---

① UNFPA. UNFPA Operational Guidance for Comprehensive Sexuality Education: A Focus on Human Rights and Gender［EB/OL］.（2014-11-01）［2025-05-09］. https://www.unfpa.org/sites/default/files/pub-pdf/UNFPA_OperationalGuidance_WEB3_0.pdf.

组织、实验、实施以及改善过程中发挥主动作用。这样做能保证性教育以需求为导向,并紧紧围绕当代年轻人探索"性"的现实生活,而不是简单遵循由教育工作者自行制定的性教育方案①。年轻人的参与可以帮助不同类型的教育工作者(包括同伴教育者)决定如何运用全面性教育课程,以及如何根据不同的情境(包括在正规和非正规的场合)进行灵活调整。父母和社区负责人也扮演着重要的角色。在性教育中有父母的高度参与,并且社区成员也对此高度重视,如布置有关的家庭作业、开展课后亲子活动以及鼓励父母了解性教育项目等活动,对于促进孩子的性健康能够产生重要影响②。

**(四)性教育教学情境构建的知识**

考虑到性教育是一门可能会引起焦虑感、尴尬、脆弱等感受的学科③,确保儿童和年轻人能在符合保密原则、提供隐私保护的安全环境内分享问题、共同学习和参与是很重要的。这种安全感可以通过训练有素的教师来获得,通过小班授课或小组讨论来实现。有效的性教育必须在安全的环境中开展。在这样

---

① WHO Regional Office for Europe, BZgA. Standards for Sexuality Education in Europe: A Framework for Policy Makers, Educational and Health Authorities and Specialists [EB/OL].(2010-01-01)[2025-06-09]. https://www.icmec.org/wp-content/uploads/2016/06/WHOStandards-for-Sexuality-Ed-in-Europe.pdf.
② WIGHT D, FULLERTON D. A review of interventions with parents to promote the sexual health of their children [J]. Journal of Adolescent Health, 2013, 52(1): 23.
③ POUND P, LANGFORD R, CAMPBELL R. What do young people think about their school-based sex and relationship education? A qualitative synthesis of young people's views and experiences [J]. BMJ Open, 2016, 6(9): 4.

的环境中，学生可以安心参与而不会感到难堪，也不会受到骚扰，其隐私能得到尊重。学生可能具有不同的社会经济背景，他们的年龄、性倾向、社会性别认同、家庭和社区价值观、宗教信仰和其他特征也会有所区别，课程的开展需要照顾到学生的不同背景，同时课程还要促进学生对当下个人和社区价值观的理解和批判性思考，帮助学生了解家庭、社区和同龄人如何看待性与人际关系等问题。

与学校教育教学中的其他教育内容相比，有效性教育教学的进行更多地依赖师生双方的共同参与，参与式教学成为性教育教学中推崇备至的一种方法。该方法要求课程教学通过师生双方主动参与、互动生成，因此学生的主动参与是影响性教育教学效果的重要因素。运用参与式教学方法，让学生积极参与教学过程，帮助他们内化和整合信息。教育工作者可以运用各种互动式、参与式、以学生为中心的教学方式，让学习的几个关键维度（知识、态度、技能）在整个学习过程中得到全面提升。教师作为性教育教学过程的引领者，创建一个开放的活动开展环境成为推动性教育教学过程的重要保障。大量研究证据表明，优质性教育可助力儿童和青少年掌握准确、适龄且实用的知识、态度与技能，培养积极正确的价值观，以便对自己及他人的性与生殖健康和生活做出负责任的抉择，应对诸多威胁和挑战[1]。

---

① 联合国人口基金，联合国教科文组织. 全面性教育技术指南——国际标准在中国的潜在本土化应用（第一版）[EB/OL].（2022-11-07）[2025-05-17]. https://china.unfpa.org/sites/default/files/pub-pdf/quan_mian_xing_jiao_yu_ji_zhu_zhi_nan_-zhong_wen_ban__0.pdf.

## 三、性教育能力

### (一)解读性教育课程纲要的能力

2018年7月,联合国教科文组织颁布的《国际性教育技术指导纲要(修订中文版)》基于全面性教育的理念,按主题、阶段明确地划分了中小学性教育的教学目标,为我国教师开展中小学性教育提供了明确指引。2022年,联合国人口基金和联合国教科文组织发布了《全面性教育技术指南——国际标准在中国的潜在本土化应用(第一版)》,进一步为我国教师参考国际标准开展中小学性教育提供了针对性指导。近年来,我国频繁出台中小学性教育相关的政策文件,例如《中国青少年健康教育核心信息及释义》《生殖健康促进行动方案》《初中学生预防艾滋病核心信息》,对于指导我国教师开展中小学性教育提供了理念指引与实践指导。中小学性教育教师应及时关注并仔细研读这些政策文件的指导原则和主要内容,不断进行分析与总结,找准核心目标,并充分了解应该达到的标准。

### (二)性教育课程资源的开发和利用能力

我国学校推行性教育仍处在探索阶段,目前仍未形成系统的课程标准和教材体系,教学内容的选择主要依赖性教育教师课程资源开发与利用的能力。教师可以通过开展社会调查,了解学生的日常活动,调查学生的兴趣和需要,确定学生的现有发展基础和差异,安排学生从事课外实践活动,制定参考性的技能清单,总结和反思教学活动等途径来确定性教育的知识与技能、过程与方法、情感态度与价值观[①]各层面的教学内容,借

---

① 吴刚平.课程资源的开发与利用[J].全球教育展望,2001(8):26.

鉴生活经验与先进性教育来开发和利用课程资源。清晰明确的教育部门政策和学校课程可以给教师提供支持，制度化的职前和在职教师培训以及学校管理层的支持也非常重要。应该通过加强全面性教育在课程中的正规化，以及增强职业发展和支持的力度来鼓励教师发展自身的技能和增强信心。

教师应发挥积极的作用，支持全面性教育的开展。在全面性教育的设计、监测和评估过程中，学校应该鼓励学生会、其他学生团体提出自己的想法，收集同伴的需求信息来证明开展全面性教育的必要性和合理性，或主动与父母或社区内的其他成员讨论全面性教育在生活中的重要性。卫生保健人员也是开展性教育工作的重要支持资源。研究证明，将全面性教育和其他相关服务结合起来，是促进学生性与生殖健康的有效手段[1]。在性教育上，社区工作者可以发挥作用，促进社区对全面性教育的接纳和支持，消除社区成员对全面性教育持有的错误信息、错误观念和误解。社区也可以为全面性教育内容的本土化、情境化提供支持。

### （三）组织性教育教学内容的能力

在我国现阶段，性教育内容包括性生理发育、性心理发展及调适、性道德和性法律等多方面的内容。《国际性教育技术指导纲要（修订版）》（以下简称《纲要》）鼓励在开展全面性教育时使用以学习者为中心的教学方式，以学习者为中心的教学策略能够使学生积极参与到学习过程中。学习者也被鼓励

---

[1] NESCO. Emerging Evidence, Lessons and Practice in Comprehensive Sexuality Education: A Global Review [EB/OL]. (2015-01-01) [2025-05-09]. https://unesdoc.unesco.org/ark:/48223/pf0000243106.

进行更多的反思，批判性地思考自身的生活①。中小学教师在组织教学内容时应充分考虑到性教育的综合性，全面把握教育的内容。既要为学生提供科学的性知识和实用的技能，也要进行性道德和性法律等规范教育；灵活使用按知识体系组织教学内容和按问题解决组织教学内容两种方法。全面性教育是一个动态且快速变化的领域，使用《纲要》可以提供一个评估和提高课程标准、加强教学实践和相关证据的机会。尽管这些内容可能分散在不同学科中，使用《纲要》也可以确保学校能完全覆盖全面性教育中的不同主题和学习目标。此外，有效的全面性教育包括大量关于态度和生活技能的学习内容，这些可能并没有包含在其他学科中。

确定采用独立课程或融入式课程的形式，需要提前决定以什么样的方式开展性教育，是作为单独的一门课程，还是融合进现有的主流课程（比如健康课或生物课），或者两种形式兼具，或者包含在生活技能课程项目里②。做这样的决定需要考虑到整体教育政策、资源的可利用状况、学校课程的优先级、学生的需求、社区对于全面性教育的支持和时间规划问题。尽管将性教育当作一门单独的课或将全面性教育内容融入已有的课程（比如生活技能课程）是最理想的做法，但从实际层面出

---

① 联合国教科文组织.国际性教育技术指导纲要（修订版）[EB/OL].（2018-07-17）[2025-05-09]. https://unesdoc.unesco.org/ark:/48223/pf0000260770_chi?posInSet=1&queryId=01c60311-1dfb-4d59-a36a-7cfbe30e505f.

② UNESCO. Emerging Evidence, Lessons and Practice in Comprehensive Sexuality Education: A Global Review [EB/OL].（2015-01-01）[2025-05-09]. https://unesdoc.unesco.org/ark:/48223/pf0000243106.

发,或许更可行的做法是在已有的教学内容基础上提升,将全面性教育课程内容纳入现有的课程中,比如社会科学、生物学或学校心理咨询与辅导。在这样的情况下,要谨防遗漏和删减性教育课程内容,并提高对教师的培训和教学指导。此外,教学材料也需要结合载体课程进行相应调整。

能支持年轻人安全地使用网络和社交媒体,帮助他们辨认正确的、基于事实的信息。网络和社交媒体可以成为年轻人获取有关性的信息和与性有关的问题答案的绝佳手段。年轻人常常因为他们无法从其他渠道快速方便地获取信息而使用线上媒体(包括社交媒体)。然而,线上媒体往往不能提供适龄的、基于实证的信息,甚至可能提供一些带有偏见的、歪曲事实的信息。对于年轻人来说,区分正确和错误的信息非常困难。尽管线上媒体可以提供大量的信息,但并没有为年轻人提供空间来就一些话题进行讨论、反思或辩论,或发展相关的技能。全面性教育则为年轻人提供了一个平台,使得年轻人可以对其在社交媒体或色情产品中接触到的性图片、性实践、性规范和性脚本进行讨论和交流。全面性教育同时提供机会,让年轻人了解色情信息中所缺乏的关于性的多个方面的知识,包括情感上的亲密、协商许可和对现代避孕措施的讨论。

应聚焦于树立积极态度和培养技能,促进安全、健康积极的人际关系,尊重人权以及社会性别平等和多元化。此外,课程还应重点关注对不同年龄、性别和特征(比如受到艾滋病病毒感染、基于社会性别的暴力和非意愿怀孕影响)的年轻人造成影响的关键问题。课程活动需要把重点放在扭转社会性别不平等和刻板印象上,且绝不宣扬有害的社会性别刻板印象。性教育的积极效果主要源自教师讲授的积极性、态度、技巧以及运用参与式教学方法的能力。教学方法应与特定的学习目标相匹配，比如角色扮演、在作业中运用通信技术、匿名问题箱、信息分享课、小组讨论等[①]。

### （四）语言表达能力

性教育教学内容需要科学讲解各种性器官名称并探讨相关敏感话题。因此，教师能自然地运用科学术语传递性教育内容的语言表达能力是实施中小学性教育的必备能力。在我国，受传统观念中"谈性色变"文化禁忌的制约，"性"通常被认为是隐晦的、难以言传的，直接导致教学中不能自然地、流畅地讲解性器官名称和分析敏感话题。教师错误的性教育教学会潜移默化地带给学生错误的性观念，造成"教师挑着讲、家长羞于说、学生偷着看"的尴尬境地，甚至无法正常完成性教育教学工作。教师经受专业培训能在一定的程度上进行脱敏，但分析、讲解、总结等语言表达能力只有通过在实践中不断地积累与反思才能练就。

在一些社会和文化环境中，人们对于性和社会性别有一些负面的、有争议的理解，在这样的环境中教授和谈论与性有关的话题会比较困难。大部分教师都可以与学生建立良好的关系，通过这种关系，教师可以主动倾听和辨别学生的需求和担忧，并提供相应信息。教师可以通过参与式培训学习如何开展

---

① 联合国教科文组织. 国际性教育技术指导纲要（修订版）[EB/OL]. (2018-07-17)[2025-05-09]. https://unesdoc.unesco.org/ark:/48223/pf0000260770_chi?posInSet=1&queryId=01c60311-1dfb-4d59-a36a-7cfbe30e505f.

全面性教育，而并不需要成为性学专家。这样的培训可以成为教师培训机构的教师培养课程（职前教师培训）或在职教师培训课程的一部分。

## 四、性法律意识

### （一）性教育教师要有基本的性法律意识

中小学教师所具有的性法律意识能够保证在性教育教学过程中避免对学生造成侵权行为；能够在中小学性教育教学中对学生进行有效的性规范和性法制教育，有效抵制和避免学生的性违法行为和性犯罪行为，最大限度地降低学生性犯罪行为的发生比例。其性法律修养主要有：懂得性违法与性犯罪的基本知识，禁止用不规范的语言与学生进行有关个人私生活的单独交谈①，避免对学生进行言语及行为上的性侮辱与性侵害，清楚淫秽色情与健康科学性知识的区别等。懂得性违法活动主要包括卖淫嫖娼、性侮辱、性骚扰、制作贩卖传播淫秽色情影像制品和书籍画册等。知道性犯罪主要有强奸妇女、猥亵侮辱妇女等。

### （二）教师是开展全面性教育的核心

担任性教育教学的中小学教师需要有足够的自信心、责任感和资源，才能游刃有余地针对性以及性与生殖健康等复杂问题进行教学。受到良好训练和支持并对性教育有很高积极性的教师，在提供高质量的全面性教育中扮演着重要角色。要有效地开展全面性教育课程，教师需要感受到来自法律、学校管理

---

① 方德静.对性教育教师应具备法律意识的思考［J］.中国性科学，2009（7）：48.

层和当地政府的支持，也需要接受培训，获得相关资源。全面性教育不仅仅依靠某一个特定教师的努力或责任，而应该依靠所有教育工作者的共同努力，互相支持并彼此分享开展全面性教育的经验。负责开展全面性教育的教师也需要接受特定的技能培训，从而学会准确、清晰地处理与性有关的问题，并且能积极地运用参与式教学方法开展教学。

# 中小学性教育课堂教学方法策略

**一、经验借鉴：西方性教育方法概览**

自20世纪60年代以来，西方各国已发展了形式多样、针对性强、科学实用的性教育方法。比如瑞典在对青少年进行性教育的过程中采取启发式、参与式和游戏式等生动活泼的教学方法；美国在性教育方法上更集中于使用"问题情境法"，以引导学生掌握正确的性知识和性道德；加拿大中学则采用"让你三思的小宝宝"来劝止青少年妊娠，预防单身母亲[①]。

提高性教育的质量和效益，不仅需要有优化的性教育内容，而且需要有与性教育目标、内容相统一的性教育方法。总体而言，教师在开展性教育的过程中应该采用多种方法。

具体而言，为了达成丰富学生性科学知识的教学目标，可以采用的教学方法包括开展性知识讲座、为学生提供书面或口述的性信息、进行性知识小测验等；为了改变学生对待性的态度，可以采用的教学方法包括让学生参与角色扮演、模仿、小组讨论等；而为了提高学生做出与性有关的正确决策的技

---

① 刘明矾.青春期性教育：全球青少年发展的重要课题[J].江西师范大学学报，2002（2）：62.

能,可以采用的教学方法包括参与角色扮演、体验互动游戏活动等。

## 二、现实困境:我国性教育现状

然而现实情况却是,目前我国在中小学校对学生进行性教育,主要采取以讲授为主的教育方法,很少顾及学生能进行的自我教育;而在讲授过程中,由于受到传统观念的影响,相当一部分教师对比较敏感或会引起争议的性知识避而不谈,更不会鼓励学生提出心中存在的问题。在性教育过程中忽视了学生的自主参与,忽视了学生对性教育的自我认识、自我体验、自我反思及自我调控。在这样单一的性教育氛围里,学生会觉得枯燥无味,无法激起学习的热情。研究表明,在讲授式教学的过程中,教师很难使学生的注意力在整个教学过程中保持相当高的水平。教师在讲课的时候,学生有40%的时间没有认真听课。在讲课的前10分钟,学生可记住70%的信息;在最后的10分钟,学生只记住20%的信息。随着课程的进行,学生的学习兴趣逐渐丧失,注意力逐渐下降[①]。在典型的授课式教学中,学生并没有得到较多真正的性教育知识。

## 三、突破困境:运用参与式教学方法,让中小学生积极参与教学过程

### (一)为何在性教育教学中要采用参与式教学方法

瑞典的性教育强调以受教育者为主体,要让每一个中学生,无论他/她是异性恋、同性恋者,有无性经验,来自什么

---

① 刘建华.中学生青春期性教育实施方案探寻[D].长沙:湖南师范大学,2004.

样的家庭或文化背景，都觉得自己被纳入其中。另外，教育者一定要贴近中学生的实际生活经验，让每一个人觉得性教育与他/她相关，才有办法对话。因为"性"固然有造成意外怀孕或感染性传播疾病的可能，但如果教育者一味强调这些负面的结果，将"性"问题化，则根本无法反映性的全貌，因为对于青少年或任何人来说，性也是寻找自我认同、探索身体以及建立亲密关系的重要渠道。刻意排除这些可能性，不仅偏离事实，也只会让中学生产生抗拒，无从学习。同时，为了让学生有更多的途径可以获得相关知识和帮助，瑞典提倡全方位、多渠道开展性教育。课堂教学是瑞典开展性教育的主要途径。教师在性教育的教学方法上，采取了启发式、参与式和游戏式这些非常人性化的方法，通过讲解、组织学生自学、小组讨论、活动式对话等让学生感觉自己被纳入性教育的课程中[①]。

走进性教育课堂的多数学生并不是一张白纸。在"性"的方面，他们是有认识、有体验、有判断、有价值观的，他们走进教室，就是等待印证已知，期待解惑，索要操作方法的。不能满足学生合理实践性需求的性教育，肯定不是成功的性教育。教师提倡的主流文化、教师倡导的价值理念能否被学生认可和接受，关键在于学生能否形成"内化"的过程，命令是无效的。"内化"是教师的"文化传递"和学生自己的生活经验相结合，经过学生自己比较、选择、批判、整合，才能形成自己的"价值核心"，再"外化"为自律行动[②]。

---

① 冷剑丽. 瑞典中学性教育的实践及启示 [D]. 重庆：西南大学，2006.
② 闵乐夫，王大凯. 国际青春期性教育现状、发展趋势及其对我国的启示 [J]. 教育科学研究，2001（11）：59.

同"教什么"一样重要的是"怎么教"。中小学校要彻底改变"教师讲,学生听"的模式,积极研究和探索新型的为学生所喜闻乐见的方式进行性教育。例如推广参与式,支持质疑,多碰撞独特见解;坚持实践式,面向社会,理论联系实际,分析案例,学习正确的家庭性别角色;提倡互动式,人机、同伴、师生、专家都可实现积极的互动等;还要鼓励探索式,通过测试、角色扮演、咨询、中介等方式进行性教育[①]。

### (二)教师如何运用参与式教学方法

在基于生活技能的全面性教育中,最有效的方式是互动式的、以学生为中心的参与式教学方法。事实上,参与式教学方法可以帮助学生为未来更健康、幸福地生活在这个错综复杂、千变万化的世界做好准备。为了能够更有技巧和更便捷地运用参与式教学方法,教师需要充分准备并得到相应的支持。

教师应该牢牢把握性教育的基本方式是参与式,基本方法是案例讨论法、价值澄清法、头脑风暴法、角色扮演法、互动游戏法等。教育者可以运用各种互动式、参与式、以学生为中心的教学方法,让学习的几个关键维度(知识、态度、技能)在整个学习过程中得到全面提升。高质量的试点实验结果表明,最有效的学校性教育项目除了教授知识和技能,还包含丰富的互动过程和多样的活动,让学生有机会反思自己的价值观和态度。与此同时,教育工作者应该能够澄清个人对待性的价值观和态度,并将个人价值观和态度与职业角色和责任进行明确区分,充分考虑学生的想法,这对于确保全面性教育项目的

---

① 吴薇.中美两国青少年性教育比较研究[D].长春:东北师范大学,2006.

有效性至关重要。

作为性教育的任课教师，使用本套基于生活技能的全面性教育教师用书时应该注意[①]：

1. 让自己具备性教育授课教师应有的特质

（1）具备有关性、健康和生涯规划方面的知识。

（2）具有良好的交流、沟通技能。

（3）尊重不同意见，善于倾听，不加评判。

（4）能够坦然地、自然地谈论性。

（5）善于运用多种多样的参与式教学手段。

（6）能够根据当地的实际情况以及不同儿童和青少年的需求，灵活地对书中的内容、活动进行必要的增减和修改，以帮助儿童和青少年积极思考、理解、掌握有关知识和技能。

（7）有幽默感和亲和力。

2. 遵守性教育课堂特有的原则

本教师用书活动常常涉及儿童和青少年的敏感和私密话题，为此，在活动之前要确定大家都认可和遵循的一些原则，以使互动活动顺畅、有序、有实效。这些原则包括：

（1）保密：在小组讨论的私人或个人问题，只保留在本小组之内。

（2）尊重：尊重每个人的观点和经验，虽然尊重并不等于同意。

（3）开放：每个人都敞开胸襟虚心倾听多方观点，但不探究他人隐私。

---

[①] 杨玉学. 成长之道［M］. 北京：中国人口出版社，2012：2-4.

（4）平等参与：每个人都应最大限度地参与每项活动。

（5）团结合作：参与者与组织者平等地营造一个舒适和自由发表意见的环境。

（6）陈述自己观点：鼓励用自己的观点来阐述自己的价值观和喜好。

（7）分享：在活动结束后，向其他同龄人传递所学到的信息。

（8）放弃的权利：尽管我们鼓励每个人参与各项活动，但也允许有人说"我不想参加这个活动"或"我不想回答这个问题"。

（9）匿名：必要时可以匿名提问，并保证所有问题均有答复。

（10）接纳：感到不自在是可以接受的。即使成年人在讨论类似"性"这样的敏感话题时也会感到不自在。

3. 做好授课的准备工作

本教师用书的参与式活动对教师的要求很高，所以做好必要的准备工作非常重要，具体包括以下几个方面：

（1）预习要开展的单元和活动内容，直至完全熟悉和感到能够运用自如。

（2）确定时间安排，包括每个单元、每个活动的时间长度。

（3）根据每项活动的学习内容，事先准备好引导讨论的问题。教案中的每项活动都列出了讨论要点，但可能还需要加上教师准备的内容。

（4）事先做好活动准备，如游戏卡片、书写用的大白纸、角色扮演用的道具等。

（5）根据参加人数事先布置好场地，桌椅摆布应面对黑板或挂图等围成圆圈或半圆形。如果条件允许，应给学生留出做笔记、完成练习的场地。

（6）注意能看到钟表，以便掌握讨论与练习的时间。

（7）开展参与式活动总是充满乐趣，但要牢记练习的目的是让学员分享知识和经验，使他们有所收获。因此，每个活动后的教师小结很重要。

（8）尽管本教师用书提供了比较好的教案，但是教师仍要根据当地社会文化、学生认知水平以及授课条件，制定一个更符合实际的活动方案。

（9）在授课正式开始之前进行一次试讲。

（10）每完成一个授课活动，教师要及时总结反思自己的教学方式方法，这对提高性教育课堂教学能力非常重要。

## 中学性教育教师用书教案设计覆盖主题一览表

| 年级 | 学期 | 课序 | 课程设计题目 | 指南主题 | 相关主题 | 总课序 |
|---|---|---|---|---|---|---|
| 七 | 上 | 1 | 我爱我家 | 3.2 | | 1 |
| | | 2 | 第三根情感纽带 | 2.5 | | 2 |
| | | 3 | 男性与女性 | 1.1和2.2 | | 3 |
| | | 4 | 性与媒体 | 4.5 | | 4 |
| | | 5 | 我的身体我做主 | 4.3 | | 5 |
| | 下 | 6 | 我真的很不错,我爱我自己 | 1.2 | 2.3 | 6 |
| | | 7 | 成长的甜蜜与烦恼 | 1.2 | 2.4 | 7 |
| | | 8 | 反对校园欺凌 | 4.1 | 4.3 | 8 |
| | | 9 | 学会宽容与尊重 | 2.4 | 4.4 | 9 |
| | | 10 | 每个人都享有性健康权 | 4.3 | | 10 |
| 八 | 上 | 1 | 沟通,让你我更好 | 2.4 | | 11 |
| | | 2 | 爱相伴,向左走,向右走 | 2.5 | | 12 |
| | | 3 | 新生命的孕育 | 1.3 | | 13 |
| | | 4 | 应对同伴压力 | 3.3 | | 14 |
| | | 5 | 携手同行,抗击艾滋 | 1.4 | | 15 |
| | 下 | 6 | 做负责任的决定 | 4.2 | | 16 |
| | | 7 | 人人都有秘密花园 | 4.1 | | 17 |
| | | 8 | 如何预防性侵 | 4.3 | | 18 |
| | | 9 | 寻求帮助和支持 | 1.1 | 1.2 | 19 |
| | | 10 | 价值观与性 | 3.4 | | 20 |
| 九 | 上 | 1 | 我能约束我自己 | 3.1 | 1.2 | 21 |
| | | 2 | 预防性传播疾病 | 1.4 | | 22 |
| | | 3 | 消除歧视,正视艾滋 | 1.4 | | 23 |
| | | 4 | 男女平等更和谐 | 3.4 | | 24 |
| | | 5 | 守护边界:识别与应对不礼貌的性关注 | 4.4 | | 25 |
| | 下 | 6 | 美好的婚姻 | 3.1 | | 26 |
| | | 7 | 我的青春我做主 | 4.3 | | 27 |
| | | 8 | 紧急制动:预防怀孕 | 1.3 | | 28 |
| | | 9 | 性、文化与法律 | 4.1 | 4.6 | 29 |
| | | 10 | 性与多元媒介 | 4.5 | | 30 |

注:表中所标注的主题是指《成都市中小学(幼儿园)性健康教育实施指南(试行)》中的主题。

七年级
（上学期）

## 第一课 我爱我家

**一、活动目标**

（1）认同爱、协作、性别平等和互相尊重对建立良好和健康的家庭关系的重要性。

（2）知道家庭成员都需要承担一定的家庭责任。

（3）学会采用有效的办法减少与父母的误解及冲突，学会以和平的方式处理分歧。

**二、活动准备**

**（一）教师准备**

（1）熟悉活动方案和附录内容，与学生互动时胸有成竹。

（2）按学生人数准备案例，打印材料，也可提前将电子版（见附录一）发到班级微信或QQ群。

**（二）学生准备**

（1）观察并分析家庭中每个成员各自承担的责任，包括自己的责任。

（2）准备一张最近拍的和家人的合影，或者画一幅与家人共同活动的画。

## 三、活动过程

### （一）导入："叠手"游戏

教师组织：现在我们一起来玩一个游戏，这个游戏可能是大家小时候经常和爸爸妈妈一起玩的游戏，也可能不是。

规则：四人一组拿手来叠罗汉。四人伸出双手，依次叠加，按口令，依次快速抽出重新叠于最顶端。看哪个小组在2分钟内完成的轮数最多。

目的：重温玩过的游戏，这个游戏可能是小时候经常与家人一起玩的，达到破冰和吸引学生兴趣的目的。

### （二）分享家庭故事

教师组织：请4～5位学生分享自己的快乐家庭故事，目的是感受爱、尊重等对建立良好家庭关系的重要性。

教学提示：家庭成员中的父母都平等地承担各自的责任，都在为家庭和睦作出贡献。正是因为这种平等的、协作的关系，所以家庭的关系才会和睦、健康。

### （三）分析案例

学生活动步骤：阅读附录一的案例，思考问题，小组交流，组织语言，准备全班分享。

（1）案例中小伟一家每位成员各自应该承担的责任分别有哪些？也可以联系自己的家庭说一说。

参考总结：爱、协作、性别平等和互相尊重对建立良好和健康的家庭关系的重要性。不同家庭成员都平等地承担不同的家庭责任。我们和小伟都应该承担家庭责任。

（2）简要地描述小伟一家的关系在小伟青春期前后的不同，分析变化的原因有哪些，可以联系自己的变化进行阐述。

**参考总结**：随着我们逐步进入青春期，朋友和同龄人对于我们而言变得尤为重要。我们与父母之间的冲突和误解十分常见，也很正常，这可能是家庭成长的表现。

（3）列举案例中小伟父母为了缓和家庭关系所做的努力。你觉得小伟应该做出哪些努力？作为初中生应该承担哪些家庭责任？说说你的建议。可以联系自己的家庭情况进行阐述。

**参考总结**：我们和小伟都应该承担家庭责任，并做出行动、付出努力。青春期的我们应该处理好与朋友和父母之间的关系，并且能运用各种方法和父母进行有效沟通、协调。如果是父母出现了问题，我们也可以与父母平等地交流，帮助父母认识并改正他们的错误，这也是一个家庭共同成长的一种表现。

### 四、课后作业

学习了本课，你有哪些感受，有哪些收获？回家后试着与父母分享你的学习收获。

### 五、实施途径建议

（1）生命生态与安全课程。

（2）青春期专题讲座。

## 附录

**附录一：小伟与父母之间怎么啦？**

小伟现在就读初二，成绩中等。小伟的父亲就职于一家大型汽车厂，母亲在一家小店当售货员，家庭经济状况一般。小伟在家里很少做家务，父母也希望他专注于学习就可以了，所有家务都由父母包揽了。现在小伟和父母的关系有了一些变化，他与父母容易产生冲突。比如，以前小伟的衣服都是母亲买回来，买什么小伟穿什么；现在小伟希望自己挑选喜欢的衣服，可是妈妈觉得小伟不会挑，不识货，买东西会吃亏，不愿意让小伟自己买。当父母关心小伟，遇天气变化叮嘱小伟加衣服时，小伟也会很不耐烦，觉得父母把自己当小孩子，不相信他能照顾好自己。小伟现在不喜欢跟父母外出，与父母交流也越来越少，若与父母之间发生了冲突，也不愿意沟通，宁愿与朋友交流、讨论。小伟的父母也尝试过与小伟沟通谈心，但是总说不了几句就开始吵。小伟的父母经常怀念小学时候的小伟：那个时候，小伟很听话，父母怎么说就怎么做；平时回家喜欢告诉父母在学校里发生的趣事，爱给父母念自己写的作文，一家人其乐融融。小伟自己也感觉自己变了，但他希望父母能更多尊重他的意见。

附录二：青春期青少年的生理变化与心理变化

1. 生理变化

青春期的生理特征主要是身高、体重、胸围等方面的快速成长，使个体在神经系统、肌肉力量等机能方面，在速度、耐力、灵敏度等身体素质方面，变化都很大。更为突出的是各种激素的相继增加，性器官、性功能迅速成长，使个体逐步走向性成熟。

2. 心理变化

（1）因为性发育带来性心理变化：

对性有学习的需求；

有关于性的心理感受；

有性的冲动和性需求。

有建立亲密关系的需求。

（2）自我意识的发展带来独立需要：

同伴友情的需求：渴望同伴团体的接纳。

情绪稳定性低：情绪变化多而强烈。

探索能力边界：独立的冒险行为、对远期后果没有预见。

拒绝听取父母和其他成年人的警告：独立、自我价值观的发展、自我中心主义。

独立思考和行动的需要：希望得到父母的尊重与信任。

3. 亲子关系的变化

（1）情感上的疏离。减少对父母的依赖，与父母的情感交流不如以前那么频繁和亲密了。

（2）行为上的脱离。由于这个阶段的孩子要求独立的愿望十分强烈，所以在行为上会反对父母对他们过多的干涉和控制。

（3）观点上的差异。青春期的孩子对于任何事物往往都喜欢自己做判断和评价，对于昔日一贯信奉的父母的许多观点都要进行审视，结果常常与父母的意见不一致。

（4）父母的榜样作用削弱。孩子会逐渐发现存在于父母身上的先前未曾觉察的一些缺点。

4. 青春期亲子关系需要调整

（1）进入青春期的青少年有了自己的思想，渴望独立，渴望受到平等对待，甚至挑战父母权威。这是为将来的独立所做出的心理准备。

（2）父母没有意识到青少年成长中的独立需要，还把青少年当小孩，以管理儿童的方式管理孩子，不信任、唠叨，甚至代替孩子做决定,因此容易产生矛盾。

(3)青少年进入青春期,原来与父母之间的支配性关系会令他们感觉受压制,有调整与父母关系的需求;然而部分父母仍希望维持原有的关系模式,让孩子服从自己。此时需要父母有意识调整与孩子之间的关系,尊重孩子的独立需要,给孩子提供成长空间,帮助孩子完成由依附到独立的过渡。

(4)如果压制青少年的独立努力,就会破坏他们的成长节奏;但如果放任青少年,就有可能给他们带来风险。父母需要支持他们的独立性发展,但也需要帮助他们学会全面思考,权衡风险,对自己的决定负责任。

# 第二课　第三根情感纽带

## 一、活动目标

（1）理解进入青春期后人与人之间的关系多了一种类型，即基于性吸引的亲密关系。

（2）理解这种基于性吸引的亲密关系的建立是以爱情为基础的，这是除了亲情、友情之外的第三根情感纽带。

（3）懂得爱情包含有性吸引的成分，因此基于性吸引的亲密关系可能发展为性关系；但性吸引产生的迷恋与成熟的爱情往往有很大差距，仅仅基于性吸引而建立亲密关系是轻率的。

## 二、活动准备

### （一）教师准备

（1）按学生人数准备我的关系网示意图（见附录二）。

（2）部分情侣的照片。

（3）打印一份小说《飘》当中一段对爱情心理描写的材料（内容见附录一）。

### （二）学生准备

了解自己进入青春期后的人际关系类型。

### 三、活动过程

**（一）我的关系网**

（1）活动要求：将自己关系比较亲近的人，按亲密程度填入同心圆内，越亲近的填在越接近圆心的地方（见附录二）。

（2）看一看，这些人跟自己是什么关系？分别进行统计（亲子关系、朋友关系、亲密关系），这些关系分别以什么感情（亲情、友情、爱情）为纽带？

（3）教师总结：随着年龄的增长，我们的人际关系也越来越丰富。最初，我们的生活范围主要是在家庭中，人际关系只有亲子关系，体验的主要是亲情；入学以后，有了小伙伴，人际关系就多了一个朋友关系，我们开始体验友情；进入青春期以后，我们有了第三根情感纽带，那就是爱情，这种情感会让我们产生建立亲密关系即恋爱关系的动机，于是在我们的关系网上，就有可能产生第三种关系。这段关系何时到来，每个人都是不一样的。我们会先体验这种情感，但并不是对人产生了爱慕之情就一定要建立恋爱关系，每个人对此所做的决定都不一样，决策的依据也各不相同。

**（二）这种感情很特别**

（1）请一位女生朗读一段摘自《飘》的文字，是思嘉爱上艾希礼的过程及感受（参见附录一）。

（2）学生思考并讨论：他们以前就很熟，为什么以前思嘉并没有爱上艾希礼？当思嘉意识到自己爱上对方时，跟以前有什么不一样的感受？

（3）故事分享：你身边有人产生过类似的体验吗？他们是如何对待这份感情的？（备注：为保护隐私，讲故事时请对故

事中的主人公匿去真名。）

（4）教师总结：进入青春期之后，由于荷尔蒙的作用，青少年会彼此产生性吸引。这种性吸引带来的情感变化，是以前的友情所没有的，会伴随着许多微妙的心理和生理反应。

这种性吸引是产生爱情的因素之一，但性吸引不等于就是爱情，爱情是更加复杂的情感，而性吸引往往只是让人产生迷恋。

### 四、实施途径建议

（1）亲子沙龙。

（2）心理班会。

（3）社区主题活动。

附录

附录一：微妙的感情

现在看来很有些奇怪，当她还没有长大成人的时候，为什么从不觉得艾希礼有什么动人之处呢？童年时，她看见他走来走去，可一次也不曾想过他。直到两年前那一天，当艾希礼为期三年的欧洲大陆旅游回来，到她家来拜望，她才爱上了他。事情就这么简单。

她那时正在屋前走廊上，他骑着马从林荫道上远远而来，身穿灰色细棉布上衣，领口打着个宽大的黑蝴蝶结，与那件皱领衬衫很相配，直到今天，她还记得他那天穿着上的每一个细节，那双马靴多亮啊，还有蝴蝶结别针上那个浮雕宝石的蛇发女妖的头，那顶宽边巴拿马帽子——他一看见她就立即把帽子拿在手里了。他跳下马，把缰绳扔给一个黑孩子，站在那里朝她望着,那双灰色眼睛瞪得大大的,流露着微笑;他的金黄色头发在阳光下闪烁,像一顶灿烂的王冠。那时他温和地说:"思嘉,你都长大了。"然后轻轻地走上台阶,吻了吻她的手。还有他的声音啊!她永远也忘不了她听到时那怦然心动的感觉,仿佛她是第一次听到这样慢吞吞的、响亮的、音乐般的声音!

就在这最初一刹那,她觉得她需要他,像要东西吃,买马匹,要温软的床睡觉那样简单,那样说不出原因地需要他。

——摘自《飘》,玛格丽特·米切尔著,李美华译,译林出版社2000年版。

附录二:我的关系网

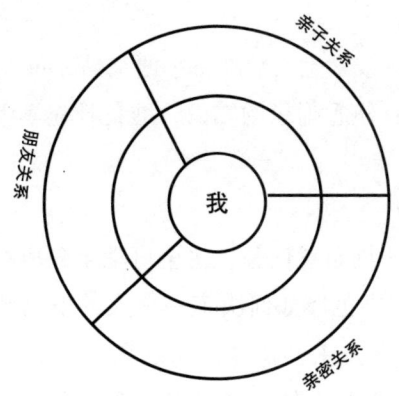

## 第三课　男性与女性

一、**活动目标**

（1）掌握性别的生物学决定因素，理解激素在个体性发育中的作用。

（2）理解文化背景会影响人们对性与性别的看法。

二、**活动准备**

（一）教师准备

（1）材料准备：按学生人数准备小便利贴，每人一张。

（2）知识储备：熟悉附录的知识，准备补充学生汇报不足的知识点。

（二）学生准备

（1）教师提前一周布置任务，将全班学生分成三组，协作完成查找以下信息：染色体如何决定一个人的生物性别，三种性激素的作用。

可以三个组分头准备一种，也可以三个组全部都做，课堂上汇报互相补充。

（2）向父母咨询自己名字的来历，父母为自己所取名字的意图。

## 三、活动过程

### （一）分组汇报课前学习结果

规则：各组轮流派代表汇报所负责的主题，汇报完之后其他对此主题有更多了解的学生可以补充，而有疑惑的则可以提问。每组各有5分钟时间用来汇报和答疑、交流。教师在全部汇报结束后补充学生未提到的部分。相关知识详见附录一。

### （二）我的名字会透露我的性别吗？

（1）每人发一张便利贴，将自己的姓名写在上面，尽量写得大一些。

（2）教师在均等的位置从左到右依次在黑板顶端写上：

女生型　　　　　男生型　　　　　中性型

（3）请学生们判断自己的名字属于哪一类，按判断将写有姓名的便利贴贴到黑板上相应的位置。

（4）检查结果，贴放位置有争议的姓名，大家发表调整意见。

（5）看看有没有名字类型与自己性别不一致的，若有，请该学生讲讲由他/她的姓名引起的性别误会的事件。

### （三）为什么我会有这个名字？

每组请两三位学生讲述自己名字的由来。

教师总结，要点如下：

生物性别是由染色体决定的。有时我们会根据名字来判断这个人是什么性别，因此会产生误解，这是社会性别刻板印象的表现之一。

我们不必以性别设限，性别也不应该成为做决定的限制因素。促进两性平等，有利于个体做最好的自己。

## 四、实施途径建议

（1）性健康教育专题课。

（2）生物课。

## 附录

### 附录一：性别决定

人类每一个体细胞内均有23对染色体，其中23条来自父亲，23条来自母亲，在23对染色体中，只有一对起决定性别的作用，故被称为"性染色体"。

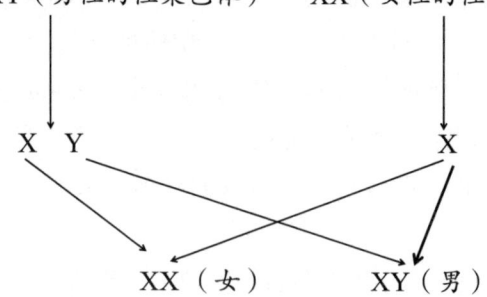

胎儿的性别，在精子和卵子结合成受精卵的那一刻就已决定。

### 附录二：性激素与生长发育

1. 雌激素

雌激素可促进女性生殖器（子宫、输卵管、阴道、阴唇等）和乳房发育，促进子宫内膜增生及修复，为妊娠准备条件。

2. 孕激素

孕激素在雌激素作用的基础上，进一步促进女性生殖器和乳房的发育。同时也使受精卵着床于子宫，并维持妊娠所不可少的激素。

3. 雄激素

雄激素能促进男性生殖器生长、精子产生和雄性第二特征发育，促进男性副性征如胡须、阴毛的出现，维持男性性欲等。雄激素也参与雌激素的代谢和转化，对维持女性性征有重要作用。

4. 身高

女孩青春期开始得比男孩早两年左右，而且开始发育的女孩体内雌激素多，雌激素有促进骨骼生长的作用，因此，在青春期头一年，女孩生长更快，个子平均比同年龄男孩高一些。但是，雌激素又有促进骨骼闭合的作用，当骨骼闭合后，女孩身高停止增长。由于雌激素促进骨骼闭合，女孩停止生长的时间比男孩早，所以成年女性的身高一般比男性矮，成年男性一般比成年女性显得高大。

5. 音色

成年男性喉结突出，声音低沉，而成年女性喉结不突出，声音高调，因为雄激素可使咽喉部扩大，并使声带增厚。男性的声带一般比较宽厚，就像长而粗的弦一样，发音自然就比较低沉。

6. 毛发

男性长胡须，女性不长胡须。在青春期时，男女的腋毛、阴毛都在逐渐长出来，这是性激素在起作用。雄激素和雌激素对身体不同部位毛发生长各具特定的刺激或抑制作用，因而就造成了男女毛发分布的明显差别。

## 第四课　性与媒体

### 一、活动目标

（1）对媒体所表现出的社会性别刻板印象有识别能力。

（2）理解媒体所传递的关于美的理想标准会影响到个人的自我评价和自信心。

### 二、活动准备

#### （一）教师准备

下载一些涉及两性形象的商业广告片备用（如果教学条件欠佳，可以将广告文案写下来）。

#### （二）学生准备

获取自己准确的身高、体重信息。

### 三、活动过程

#### （一）导入环节

（1）你认为自己需要减肥吗？请认为自己需要减肥的学生举手。

（2）统计自认为需要减肥的人数。

#### （二）需要减肥还是增重

（1）出示青少年标准体重参考计算公式：

标准体重（kg）＝身高（cm）-105

（2）学生根据自己的实际身高算出标准体重，再与实际体重比较：实际体重与标准体重之差在±10%以内属正常，超过10%为偏胖，低于10%为偏瘦，超过20%为肥胖。

（3）根据计算结果，各人自报结果并总结：哪些需要减肥？哪些需要增重？将这个结果与刚才统计的自认为需要减肥的人数相比较，看看有多少是自认为需要减肥，其实体重完全在正常范围的。

（4）教师总结：在大众媒体的影响下，一些人会对自己的容貌身材要求严苛，这样的要求容易让人对自己的体貌不够自信，追求一种不切实际的美。一些媒体以夸张的性形象，引导性审美，但这样的性形象，多数情况下是虚假的。

**（三）揭露真相**

（1）教师PPT展示性征夸张的女性动漫形象。

问：这样的形象美吗？现实中有这样的女性形体吗？让学生自由发言。

（2）教师总结。

**（四）你被广告洗脑了吗？**

（1）教师指导语：许多广告会向你传递社会性别刻板印象，告诉你男人应该是什么样，女人应该是什么样。人们不知不觉会被洗脑，潜移默化地接受这样的影响。下面几条广告就有这样的效果，你能看出它在传递什么信息吗？

（2）教师播放广告视频3~5条，每播一条，学生自由讨论并发表意见3分钟。

（3）教师总结。

#### 四、课后作业

回家与父母讨论，了解他们是否认同这些广告传递的社会性别观念。

#### 五、实施途径建议

（1）性健康教育专题课。

（2）心理健康课。

（3）班会课。

# 第五课　我的身体我做主

## 一、活动目标

（1）掌握性骚扰、性侵害的常见形式。

（2）能运用"三步拒绝法"（拒绝→远离→求助）应对越界行为。

（3）学会网络隐私保护技巧。

（4）消除"被侵害是羞耻的"错误观念，建立依法维权意识。

（5）培养对他人身体边界的尊重，拒绝成为冷漠的旁观者。

## 二、活动准备

### （一）教师准备

（1）8组生活化案例。

（2）《中华人民共和国未成年人保护法》。

（3）安全工具包：包含"紧急求助流程图""证据保存指南"（录音/截屏步骤）。

（4）多媒体资源：动画微课"我的身体权利盾牌"，互动游戏课件"安全行为探测器"。

（5）环境布置：墙面设置"勇气宣言树"，角落布置"安全能量站"。

## 三、活动过程

### （一）破冰导入：权利启蒙

（1）游戏。

学生在人体轮廓图上用红色圆圈（绝对禁区）、黄色圆圈（需经允许区）、绿色圆圈（开放区）贴纸标记身体部位，讨论"为什么每个人的'地图'可能不同"。

（2）法律闪电战。

展示与《中华人民共和国民法典》第一千零三十二条规定内容相匹配的漫画，漫画配文为："未经允许触碰他人隐私部位，违法！"

### （二）我的身体我做主：技能实战

模块一：识别危险信号

每组抽取4张行为卡（如"医生体检""网友索要住址""陌生人搂肩""父母查看日记"），分类为：

✅合法合理　　　❗需要警惕　　　❌必须拒绝

教师提示："是否合法≠是否让你舒服，尊重自己的感受更重要！"

模块二：现实场景应对训练

同学威胁"不让我摸头发就孤立你"→模拟"三步反击法"：①大声说"这是骚扰"；②离开现场；③报告班主任。

模块三：网络侵害防护

实战演练：收到匿名消息"发一张自拍照，否则曝光你的秘密"→分组设计应对方案。

（1）不回复、不删除 → 截屏保留证据。

（2）设置"禁止陌生人私信"。

（3）向平台举报并告知家长。

技术赋能：演示社交平台"一键防护"功能（如微信"青少年模式"）。

**（三）总结行动：从认知到实践**

（1）制定我的安全行动清单。

学生填写：

最有效的拒绝金句：_____（如"这是我的身体，请停止"）

紧急联系人：_____

网络隐私保护行动：_____（如"每周检查好友列表"）

（2）集体赋能仪式。

学生手写"勇气徽章"贴在宣言树上，齐声朗读：

"我的身体是我的王国，我有权守护每一寸边界！"

**四、实施途径建议**

（1）班会课。

（2）性健康教育专题讲座。

附录

附录一

《中华人民共和国未成年人保护法》第五十四条规定：禁止拐卖、绑架、虐待、非法收养未成年人，禁止对未成年人实施性侵害、性骚扰。禁止胁迫、引诱、教唆未成年人参加黑社会性质组织或者从事违法犯罪活动。禁止胁迫、诱骗、利用未成年人乞讨。

附录二

《中华人民共和国民法典》第一千零三十二条规定：自然人享有隐私权。任何组织或者个人不得以刺探、侵扰、泄露、公开等方式侵害他人的隐私权。隐私是自然人的私人生活安宁和不愿为他人知晓的私密空间、私密活动、私密信息。

附录三：未成年人防止网络侵害措施

1. 家庭层面的防范措施

履行监护职责：未成年人的父母或其他监护人应依法履行监护职责，树立优良家风，培养未成年人的良好品行，增强其辨别是非和自我保护的能力。

教育与引导：发现未成年人心理或行为异常时，应及时了解情况并进行教育、引导和劝诫，防止其受到网络犯罪的影响。

2. 学校层面的防范措施

纳入教学计划：教育行政部门和学校应将预防犯罪教育纳入教学计划，结合未成年人的特点，采取多种方式进行有针对性的预防犯罪教育，包括网络安全教育。

提高法治意识：通过学校教育，提升未成年人的法治意识，使其了解网络犯罪的性质和后果，学会如何防范和应对网络侵害。

3. 社会层面的防范措施

净化网络环境：社会各界应共同努力，净化网络环境，加大对网络犯罪的打击力度，为未成年人创造一个安全、健康的网络空间。

加强宣传教育：广泛开展网络安全宣传教育活动，提高未成年人的网络安全意识和防范技能。

4. 网络服务提供者的责任

监管义务：网络服务提供者应加强对平台内容的监管，及时发现并删除侵犯未成年人权益的违法信息。

配合调查与处置：在接到权利人关于网络侵权行为的通知后，网络服务提供者应采取必要措施，如删除、屏蔽或断开链接等，防止侵害行为扩大，并及时将相关情况转送有关部门调查处理。

七年级
（下学期）

# 第六课 我真的很不错,我爱我自己

## 一、活动目标

(1)理解第二性征的形态、大小差异不会妨碍其功能,消除发育中个体差异带来的焦虑。

(2)理解外表会影响他人对自己的认识和态度。

(3)明白为追求不现实的美丽可能会造成严重的后果。

(4)提高学生对自己体貌的接纳程度,从而提升其自尊感。

## 二、活动准备

### (一)教师准备

(1)教学课件——《我真的很不错》手语操视频(可在网上下载)。

(2)录音:《两位同龄人的内心独白》(课前请一位男生和一位女生分别来录制)。

(3)美容整形预约表(见附录二)。

### (二)学生准备

请学生思考对自己的外貌满意和不满意的地方,以及对男性和女性理想外形条件的审美观点。

## 第六课 我真的很不错，我爱我自己

### 三、活动过程

**（一）破冰游戏：我来安慰你**

（1）听两位同龄人的内心独白（内容见附录一）。

（2）讨论：他们的焦虑有必要吗？

（3）每组派一位同学做安慰者，来陈述安慰理由。

（4）教师总结：每个人青春期发育的时间表不一样，存在较大的个体差异。第二性征发育情况也不尽相同。但正如眼睛大小跟视力没有关系，阴茎、外阴或胸部的大小、形状各有不同，也不会影响生育功能。

**（二）美容整形预约表**

（1）发放美容整形预约表，要求学生填写。

教师指导语：也许我们与那两位同龄人一样，也有对自己身体不够满意的地方。如果有机会进行无风险的修改，你希望是对哪些部位呢？请将你想改变的部位和要求填写在里面。

如果有学生认为自己不需要任何修改，就只填写其中第一栏。

（2）我给自己打个分。

要求学生根据填写情况思考：我对自己的外貌，是满意的多还是不满意的多？如果按百分制，我能对自己打多少分？

请几乎没有不满意项目的学生分享对自己的评价。

问：你们想把这张预约表交到整形医院并接受手术吗？

**（三）我为自己增添美**

教师指导语：人人都有自我完善的愿望与动力。我们或多或少都会对自己的外表有不甚满意的地方。如果我们希望获得改善，有哪些方法或手段可以选择？这些方法或手段有哪些益处或风险？

（1）小组讨论，列出提升外貌的方法及其益处和风险。

（2）组间分享。

教师点评：为了追求外在美，有人选择整容，有人选择节食，有人选择在自己的衣着妆容上下很大的工夫，我们应表示理解和尊重。但是追求美不能以牺牲健康为代价，要审视它们的风险，选择健康科学的方法来提升外在美。

（3）有的人为了追求苗条的身材盲目减肥伤害自己，导致患上饮食失调症，遇到这种情况怎么办？

分享饮食失调症的表现、分类、成因、主要治疗方式及效果。

**（四）我真的很不错**

教师播放《我真的很不错》手语操视频，学生起立跟着视频边唱边做。

教师总结：

也许你没有沉鱼落雁的美貌，也许你没有聪颖睿智的头脑，也许你没有玉树临风的身材……但是，你就是你，这个独一无二的你。

**四、实施途径建议**

（1）学科课程（生物学、道德与法治）。

（2）性健康教育专题课/讲座。

附录

附录一：来自两位同龄人的内心独白

同学甲：我是一个初一的女生，我很自卑。我的同龄人的

### 第六课　我真的很不错，我爱我自己

身体都发育得很好了，可我还是又瘦又小。小伙伴们逐渐长丰满了，当她们讨论穿什么尺码的胸衣时，我恨不得成为隐身人，因为我是典型的"太平公主"，胸衣对于我甚至都是多余的。我这样的身材，不光是没有女性魅力，我想，以后做妈妈恐怕都不能给宝宝提供足够的营养。

同学乙：我是一个初一男生，我很自卑。尽管我的学习成绩还不错，但是也不能让我喜欢自己，因为我是一个真正"低人一等"的人：我在班上是个子最小的男生，上体育课时老师甚至以为我走错了班。起初一般高的小伙伴，现在一个个都变得高大魁梧了，可我还在一米六以下徘徊。我知道像我这样子的男生，一定没有女生会喜欢。

附录二：美容整形预约表

| 部位 | 满意的地方 | 不满意的地方 | 希望得到的改善 |
| --- | --- | --- | --- |
| 面部五官 | | | |
| 身材 | | | |
| 皮肤 | | | |
| 其他 | | | |

## 第七课　成长的甜蜜与烦恼

### 一、活动目标
（1）能够区分男孩和女孩在青春发育期所经历的生理、情感以及社会等方面变化的相似之处和不同之处。

（2）通过交流，懂得青春期的各种变化不仅会给人带来成长的喜悦，也会带来压力，从而形成同伴之间的相互支持。

（3）理解两性在青春期经历的变化和压力差异，懂得尊重他人的感受。

### 二、活动准备
**（一）教师准备**

（1）心理准备：这是一个开放度和生成性很强的课堂，作为教师要有开放的心态，不必预设太多立场，但需要做好各类情况出现的心理准备。比如，有的班级学生认为青春期的变化主要带来的是快乐，有的班级可能整体上负面的看法多一些。

（2）准备四个盒子或篮子，在上面分别贴上写有"报喜"和"求助"字样的纸签，成为两对盒子；其中一对用蓝色字体，另一对用红色字体，用于不同性别学生投纸条进行统计。

（3）准备若干裁好的小纸条，用盒子装起来。

### （二）学生准备

思考并列举自己进入青春期之后生理、心理和社会方面的变化，以及对自己这些变化的感受。

## 三、活动过程

### （一）我的青春期怎么样？

（1）教师指导语：青春期的到来意味着我们的成长到了一个新阶段，这个阶段带给每一个人的影响都是不一样的，甚至对于每一个人自己也可能是有喜有忧。今天我们就一起来聊聊青春期带给我们的变化，以及这些变化让我们有什么样的感受。

（2）分小组讨论交流。以性别混合分组，每组4~6人为宜。

（3）各组派代表交流分享主要结论。

（4）教师总结，要点提示：

我们经历的喜悦与烦恼，许多同龄人也正在经历。从生理、心理和社会层面来区分，男生和女生的喜悦和烦恼可能有所不同。我们的喜悦可以与家人朋友一起分享，而我们的烦恼也同样可以向他们倾诉。

### （二）报喜和求助

（1）教师指导语：我们把喜悦与别人分享，将烦恼向别人倾诉。我为大家准备了足够多的小纸条，每张纸条可以写上1~2条喜悦或烦恼，分别放进这两个盒子中相应的一个。被提到次数最多的烦恼，我们首先来解决；提到最多的喜悦，大家可以跟朋友或亲人分享。

（2）学生自由取纸条，写下并归类放入盒子，男生放入蓝色盒子，女生放入红色盒子。

（3）分别请四位男生和四位女生整理纸条，每两位整理一个盒子，男生整理红色盒子，女生整理蓝色盒子。

在整理纸条时，其他同学自由讨论：烦恼的最佳倾诉对象是哪些人，最想分享喜悦的对象又有哪些人？

（4）整理完毕，分组报告以下结果：

男生和女生分别是喜悦多还是烦恼多？

男生和女生青春期喜悦前三位分别是什么？烦恼前三位分别是什么？

（5）提问与回答：

向女生提问：对于男生的烦恼，我们可以做什么？

向男生提问：对于女生的烦恼，我们可以做什么？

（6）教师总结，要点如下：

有些烦恼是普遍的，我们可以互相支持与帮助去解决。男生、女生都会有烦恼，只是侧重点有所不同。彼此多一些理解与支持，即使不能提供帮助，至少也要尊重他人的感受，避免伤害他人感受的言行。

## 四、实施途径建议

（1）学科课程（生物学、道德与法治）。

（2）性健康教育专题课/讲座。

（3）班会课。

## 第八课　反对校园欺凌

### 一、活动目标

（1）能够列举校园欺凌的各种表现。

（2）理解校园欺凌是有害的，反对任何形式的欺凌，不做欺凌实施者。

（3）能够运用一些办法帮助遭到欺凌的同学，知道一些有效的求助途径。

### 二、活动准备

**（一）教师准备**

（1）熟悉活动方案。

（2）熟悉附件内容，预备与学生互动时能胸有成竹地给学生提供科学建议。

**（二）学生准备**

（1）回忆小学阶段经历过的（自己或他人的）校园欺凌事件。

（2）思考校园欺凌现象有哪些危害？

### 三、活动过程

**（一）导入："备受攻击"游戏**

（1）教师组织：现在我们一起来玩一个游戏，名字叫作"备受攻击"，稍后我们会请做箭靶的学生来分享他的感受。

（2）规则：请出8名学生，抽出其中一人做"箭靶"。在地上画一个圆圈，"箭靶"站在中间，其他人要拍打他最少3次。但不可把"箭靶"碰倒，若"箭靶"被碰倒，则碰倒"箭靶"的人便换作"箭靶"。备注：如有8人以上，分为两组为佳，这样易于走动。

（3）目的：体验被排挤、被攻击的滋味，同时达到破冰和吸引同学兴趣的目的。

**（二）我曾目睹或遭遇的校园欺凌**

（1）教师组织：请4~5位学生分享小学阶段经历的校园欺凌事件。

（2）分组讨论：身边有没有类似的现象？

（3）教学提示：在帮助学生判断和识别校园欺凌时，应该提醒学生注意欺凌和玩笑的情境条件，确定欺凌和玩笑的界限。

**（三）谁能来帮帮她/他**

阅读案例，思考问题，小组交流，组织语言，准备全班分享。

（1）案例中的小玲受到了哪些欺凌？

教学提示：欺凌一般表现为肢体或言语的攻击，人际互动中的孤立或排挤，类似性骚扰般的性谈论，对身体部位的嘲讽、评论或讥笑等。校园欺凌最容易被忽略的是：欺凌的边界不明确。有些事情明明是欺凌和侮辱，却会被旁观者认为是玩笑和打闹。

（2）这些欺凌行为对小玲造成了哪些伤害？这对社会会产生哪些影响？

教学提示：校园欺凌对被欺凌者、实施欺凌者、围观欺凌者都会带来不同程度的负面影响，甚至危害生命、导致违法犯罪。

（3）小玲初次求助被责备以后，为什么没有继续向家长或老师等成年人求助？

教学提示：有时候家人对孩子受到欺凌的严重性估计不足，甚至责备受害者，这让受害者产生无助感和耻辱感；有时耻辱感也可能是自身造成的，并因此导致沉默、否定和封闭自己。

（4）你觉得有哪些办法可以帮助小玲走出困境？

教学提示：反抗行为要在自己能力所及的范围内实施，并且一定要注意保护自己，不要为了反抗而对自己造成更进一步的伤害。反抗不同于"以暴制暴"。另外，一旦超出自身能力范围，必须告知家长、报告老师，寻求师长帮助；如果没有得到求助对象的支持，那就需要进一步向家人或老师陈述实情，寻求保护；实在无效，需要另行寻找求助对象，并别忘了拿起法律的武器。

**（四）写给欺凌者的话**

分组讨论，设想自己认识对小玲实施欺凌行为的人，把想对他们说的话写下来。

每组派代表上台朗读。

**四、归纳小结**

受到欺凌要求助，求助无效另寻保护；致人痛苦最可怕，不做恶霸和睦相处。

**五、实施途径建议**

（1）班会课。

（2）性健康教育专题课。

附录
关于校园欺凌的常识
1. 校园欺凌的表现

（1）身体欺凌。以攻击性方式反复地对他人进行殴打、踢踹、绊倒、阻拦、推搡、触碰、拉扯头发，并使用管制刀具、棍棒等进行攻击。

（2）语言欺凌。起绰号、谩骂、侮辱、造谣、指责、嘲笑别人、写侮辱性的文字、语言攻击或侮辱其人格，中伤、讥讽、贬抑评论他人的体貌、家人或其他等。

（3）社交欺凌。人际互动中的抗拒、排挤与孤立。分派系结党；孤立、诬陷或排挤某人。还有同伴间的情绪虐待如冷暴力、恐吓、威迫某人做他或她不想要做的事，威胁某人跟随命令。当众给某人难堪等。

（4）网络欺凌。在网络或论坛上发表具有人身攻击成分的言论，利用网络造谣、传播消极谣言。

2. 校园欺凌产生的原因

（1）从学生自身的角度来看：来自自身的耻辱感以及对自身的否定；法治观念淡薄，缺乏遵纪守法的习惯；对情绪自我管理能力的欠缺。

（2）从家长的角度来看：过分溺爱孩子，或家庭责任缺失，缺乏对学生进行责任、义务和爱心等方面的教育，导致许多学生是非不分，自私、冷酷，难以经受挫折和打击，心理素质差，遇事好冲动，走极端等。

（3）从社会角度来看：暴力、色情文化是产生校园暴力的一个重要诱因，尤其是网络和游戏中的暴力和色情因素对缺乏辨认和识别能力的中小学生造成的负面影响很大。

3. 校园欺凌的危害

（1）被欺凌学生身体上和心灵上受到双重创伤，并且容易留下长期难以平复的阴影。

（2）使部分受欺凌者发生不良变化，由受欺凌者转化为欺凌者或者欺凌者的帮凶。

（3）对于目睹欺凌现象的旁观者来说，也往往会因为帮不到受害者而感到内疚、不安，甚至惶恐，他们或明哲守身以自保，或不自觉地加入欺凌行列。

（4）对于欺凌者来言，容易形成道德滑坡、人格扭曲，甚至走上犯罪道路，最终受到法律制裁。

4. 应对校园欺凌的策略

（1）保持镇定。求救，向路人呼叫求助，采用异常动作引起周围人注意。人身安全永远是第一位的，可以试着通过警示性的语言击退对方，或者通过有策略的谈话和借助环境来使自己摆脱困境，但是不要去激怒对方。在学校不主动与同学发生冲突，一旦发生及时找老师解决。如果遭遇校园欺凌事件一定要告诉家长，不管遭遇了怎样的恐吓，不要让自己承受身体和心理上的创伤。

（2）在自己能力范围内，应当积极进行自我保护，不能一味软弱怕事，不能一味忍受欺负，要学会文明理性且坚决地避免或抵制欺凌。一旦超出自身能力范围，须告知家长、报告老师，寻求师长帮助。

## 第九课 学会宽容与尊重

**一、活动目标**

（1）增强对不尊重、不宽容现象的敏感和自律，提高文明言行的动力。

（2）懂得什么是宽容，什么是尊重。

（3）知道如何尊重和宽容他人，养成健康人格。

**二、活动准备**

**（一）教师准备**

（1）熟悉活动方案。

（2）熟悉附录内容，预备与学生互动时能胸有成竹地给学生提出科学建议。

（3）在黑板上粘贴一个大大的"福"字。

**（二）学生准备**

（1）剧情排练：观察生活中有哪些不尊重、不宽容的现象，并以一分钟短剧的方式表现出来。

（2）思考：身边有没有"不一样"的人？对他们的存在，你有哪些感受？

## 三、活动过程

### （一）导入："蒙眼摸福"游戏

（1）教师组织：现在我们一起来玩一个游戏，名叫蒙眼摸福，稍后我们会请一些同学来分享感受。

（2）规则：请出两名学生，监督或帮助大家逐一蒙着眼睛去摸黑板上粘贴的"福"字。再请出3名学生，使两名蒙眼的学生都在另一名学生的牵引下去摸"福"字。

（3）目的：体验视力障碍者的感受，同时达成破冰的效果。

（4）教师总结：生活中，一些人在某些方面存在障碍，如视觉的、听觉的或肢体的。如果可以，我们应该为这些身体有缺陷或障碍者提供力所能及的帮助。对于身边的人和事，我们要懂得尊重和包容，而不是去排挤和冒犯。

### （二）剧本修改

（1）教师组织：有些在我们生活中司空见惯的行为和语言，其实是对他人极不尊重或缺少包容的。同学们可带着审视的眼光去观察，以发现自己和他人有意无意会的这种行为。下面，请同学们将课前准备的行为片段给大家表演一下。

（2）学生分组轮流上台表演，先完成五组。

学生自由点评这五组现象中对人缺乏尊重和宽容的地方。提出剧本修改建议。

（3）五个组分别就同学们提的意见，进行剧本修改。凡成功达标的，大家报以掌声通过。

时间富余，可以再来五组，按上述步骤重复一遍。

（4）教师点评：

我们要尊重他人，无关乎财富、长相、社会地位、健康状况等。我们宽容别人，不是纵容他人犯错误，而是面对别人能力不足或与我们观点相左之时，多一些包容，给别人以成长空间，允许别人与自己持不同意见。我们的尊重与宽容会让我们自己成为一个有涵养的人。反之，尖酸刻薄、随意拿别人的生理特征来取笑，居高临下恣意侮辱自己身边的人，非但不会提升自己的形象，反倒暴露了自己的浅薄无知、心胸狭隘。

**（三）都来评评理**

（1）呈现案例（附录一），小组讨论：

刘老师批评迟到的同学是不够宽容吗？

两人议论刘老师，这是什么行为？

他们叫马嘉"小杂毛"，这是幽默吗？马嘉生气，是小气吗？

（2）教师总结，要点如下：

人与人之间是多元的、存在差异的，但是是平等的。比如：另类的衣着打扮、另类的气质表达都是个人风格，每个人都有权利选择以自己喜欢的风格来展示自己；对同样的事物持不同的观点也是很正常的，每个人都有其独特的经历与视角，使得其在看待同样事物时会产生不同的感受与看法。我们可以不认同，但也需要尊重。个体的高矮胖瘦、毛发多少等生理特点，更不应该成为被取笑的理由。这种取笑与幽默相去甚远，是缺乏教养的行为。总之，先尊重他人，才能让自己成为一个值得别人尊重的人。

宽容是以一种谅解和包容的心态去对待彼此能力、喜好、观点上的差异。人与人之间都存在差异，我们要学会理解别人，宽容别人，对别人力所不及的地方多包容。但宽容绝不是容忍别人的错误行为，因为这会导致纵容。

**（四）请你多包涵**

（1）学生列举各自认为应当被宽容的行为和现象。如果学生一时提不出来，教师可以将准备好的情境材料进行呈现（内容见附录二）。

（2）列举一条，如果大家认同应当被宽容，就齐声回应："请你多包涵！"

（3）如果大家认为不应当被宽容，就齐声回应："请你改正！"

## 四、实施途径建议

（1）性健康教育专题课。

（2）心理健康课。

（3）班会课。

（4）道德与法治课。

附录

附录一：都来评评理

周一下午，初二（1）班的王野和陈豆豆因为迟到被班主任刘老师叫去办公室批评了一顿。两人出来后，愤愤不平地议论刘老师。

"不就迟到一会儿吗？这么凶，怎么就不懂得宽容！"

这时班上同学马嘉从旁边路过，问："你们在说谁呢？不会是刘老师吧？"

两人对视一眼，齐声对马嘉说道："不关你事。"

王野摸了一把马嘉的头发，说："你小子的头发怎么白了这么多，真是个小杂毛！"陈豆豆哈哈大笑，不断重复："小杂毛！"

马嘉气得脸都红了，握紧了拳头："你再喊！"

王野拉过马嘉："别生气嘛，就是开个玩笑而已。"

陈豆豆附和说："就是，小气鬼！没有一点幽默感。"

附录二：是否能包容或宽容的现象与行为

1. 需要被包容或宽容的现象与行为

小孩子走得慢，跟不上大人的脚步。

有的同学发言之前需要较长的思考与组织语言的时间。

好心帮忙却无意中给人制造了麻烦。

午餐时自己想吃炒菜，而好朋友建议去吃拉面。

一起出去散步，小杜不想走太远，而小金想要多运动一下。

两个好朋友分别有不同的爱好，而且彼此都讨厌对方的爱好。

家人在选购空调时对品牌和款式有不同的喜好。

2. 不能宽容的现象与行为

在教室里扔废纸。

过马路不顾红绿灯信号，被交通引导员制止后骂脏话。

拿别人的生理缺陷取外号，以此取乐。

以恶作剧捉弄别人，让人感到羞辱。

未经别人允许，随意使用别人的物品。

# 第十课　每个人都享有性健康权

## 一、活动目标

（1）能够描述性健康权的含义，并了解与性健康权有关的法律。

（2）认同社会上有一些群体的性健康权特别容易遭受侵犯，能够识别性健康权遭到侵犯的情况。

（3）形成维护性健康权的意识，掌握抵制侵犯性健康权的相关技巧。

## 二、活动准备

### （一）教师准备

性权利及法律相关知识，制作课后反馈单、案例及表格。

### （二）学生准备

提前查询、了解性健康权相关的知识。

## 三、活动过程

### （一）导入：我说你做

教师组织：教师给指令，同桌执行教师指令。游戏过程中，若有同学感觉不舒服，可用暂停手势示意停止，执行的人要立即停止。

指令包括握手、拥抱、摸摸头、摸摸脸、揉肩、捶背、摸摸背等。

小结：每个人都有和别人游戏、交流的权利，在遇到不舒服时拥有叫停的权利。

（二）概念澄清，性健康权

（1）课前了解关于"性健康权"知识并进行展示（教师可根据情况补充学生未查询到的内容）。

（2）小结：性健康权，即维护性健康的权利。每个人对任何可能造成自身性健康损害的行为，都有权利阻止或拒绝。首先，对有可能出现的性健康问题，未成年子女有权利要求家长给予就医诊治；其次，性健康权包括保护自身不受性虐待和性侵犯的权利；最后，每个人的性健康权受到法律的保护（教师出示法律内容，详见附录一）。

（三）头脑风暴，分组讨论

哪些群体的性健康权特别容易遭受侵犯？

小结：通过讨论发现，女性、儿童、残疾人的性健康权特别容易遭受侵犯。

（四）案例分析，辨识侵权行为

（1）每小组一个案例，根据案例在表格中分类填写（案例及表格见附录二）。

（2）小组讨论分享结果。

（3）小结：我们从案例中发现的这些行为，已经对个人的身体、心理等构成了严重的伤害，或者造成了性虐待或性侵犯的事实，这些都属于对性健康权的侵害，都将受到法律的制裁。

### （五）聚焦案例，学会维权

14岁的女孩小平跟家里人发生了争执，独自一人到离家不远的山上散心。山上树木杂草丛生，人烟稀少。正当小平走到半山腰时，不知从何处蹿出一成年男子，将小平拦腰抱住，任凭小平抓他挠他让他松手，成年男子都没有撒手，一直把小平抱到丛林深处，把她按在地上，大声威胁她说："如果你再喊再挣扎，我就掐死你！"此人在山上对小平进行了长时间的猥亵奸淫。

（1）通过小组讨论出一两条摆脱策略，并组织学生进行现场演练。

（2）小组讨论：如果无论怎样反抗都不能避免这个成年男子对我的伤害，我会怎么办？

（3）教学提示：如学生提及结束生命的话题，教师利用人物剪影的消失使孩子明白当任何事情与自我保护发生冲突时，首位是自我保护，把生命放在第一位。

（4）分组讨论：遭遇侵权行为后，我们应该怎么维权？

教师根据学生交流结果进行总结。寻求生理救助：被害人要尽最大可能留住证据，如精液、毛发等物证；寻求法律救助：应当利用法律武器（教师介绍相应的法律知识）勇敢地维护自己的性健康权；寻求心理救助：当身心受到的伤害时，需要积极进行心理辅导或咨询。

（5）填写课后反馈：本堂课后的收获和疑惑。

## 四、实施途径建议

（1）性健康教育专题课。

（2）心理健康课。

（3）道德与法治课。

附录

附录一：《中华人民共和国刑法》中关于性犯罪的规定

第二百三十六条 以暴力、胁迫或者其他手段强奸妇女的，处三年以上十年以下有期徒刑。

奸淫不满十四周岁的幼女的，以强奸论，从重处罚。

强奸妇女、奸淫幼女，有下列情形之一的，处十年以上有期徒刑、无期徒刑或者死刑：

（一）强奸妇女、奸淫幼女情节恶劣的；

（二）强奸妇女、奸淫幼女多人的；

（三）在公共场所当众强奸妇女、奸淫幼女的；

（四）二人以上轮奸的；

（五）奸淫不满十周岁的幼女或者造成幼女伤害的；

（六）致使被害人重伤、死亡或者造成其他严重后果的。

第二百三十七条 以暴力、胁迫或者其他方法强制猥亵他人或者侮辱妇女的，处五年以下有期徒刑或者拘役。

聚众或者在公共场所当众犯前款罪的，或者有其他恶劣情节的，处五年以上有期徒刑。

猥亵儿童的，处五年以下有期徒刑；有下列情形之一的，处五年以上有期徒刑：

（一）猥亵儿童多人或者多次的；

（二）聚众猥亵儿童的，或者在公共场所当众猥亵儿童，情节恶劣的；

（三）造成儿童伤害或者其他严重后果的；

（四）猥亵手段恶劣或者有其他恶劣情节的。

第三百零一条 聚众进行淫乱活动的，对首要分子或者多次参加的，处五年以下有期徒刑、拘役或者管制。引诱未成年人参加聚众淫乱活动的，依照前款的规定从重处罚。

第三百五十九条　引诱、容留、介绍他人卖淫的，处五年以下有期徒刑、拘役或者管制，并处罚金；情节严重的，处五年以上有期徒刑，并处罚金。引诱不满十四周岁的幼女卖淫的，处五年以上有期徒刑，并处罚金。

第三百六十条　明知自己患有梅毒、淋病等严重性病卖淫、嫖娼的，处五年以下有期徒刑、拘役或者管制，并处罚金。

第三百六十三条　以牟利为目的，制作、复制、出版、贩卖、传播淫秽物品的，处三年以下有期徒刑、拘役或者管制，并处罚金；情节严重的，处三年以上十年以下有期徒刑，并处罚金；情节特别严重的，处十年以上有期徒刑或者无期徒刑，并处罚金或者没收财产。

为他人提供书号，出版淫秽书刊的，处三年以下有期徒刑、拘役或者管制，并处或者单处罚金；明知他人用于出版淫秽书刊而提供书号的，依照前款的规定处罚。

第三百六十四条　传播淫秽的书刊、影片、音像、图片或者其他淫秽物品，情节严重的，处二年以下有期徒刑、拘役或者管制。

组织播放淫秽的电影、录像等音像制品的，处三年以下有期徒刑、拘役或者管制，并处罚金；情节严重的，处三年以上十年以下有期徒刑，并处罚金。

制作、复制淫秽的电影、录像等音像制品组织播放的，依照第二款的规定从重处罚。

向不满十八周岁的未成年人传播淫秽物品的，从重处罚。

第三百六十五条　组织进行淫秽表演的，处三年以下有期徒刑、拘役或者管制，并处罚金;情节严重的，处三年以上十年以下有期徒刑，并处罚金。组织进行淫秽表演的，处三年以下有期徒刑、拘役或者管制，并处罚金；情节严重的，处三年以上十年以下有期徒刑，并处罚金。

第三百六十六条　单位犯本节第三百六十三条、第三百六十四条、第三百六十五条规定之罪的，对单位判处罚金，并对其直接负责的主管人员和其他直接责任人员，依照各该条的规定处罚。

第三百六十七条　本法所称淫秽物品，是指具体描绘性行为或者露骨宣扬色情的诲淫性的书刊、影片、录像带、录音带、图片及其他淫秽物品。有关人体生理、医学知识的科学著作不是淫秽物品。包含有色情内容的有艺术价值的文学、艺术作品不视为淫秽物品。

附录二：案例及表格

初中二年级女生小薇独自乘公交车去姥姥家。上车后她坐在了一名成年男子身边，不久，这名成年男子将手伸到了小薇大腿上，小薇轻轻缩了一下自己的脚。见小薇没有进一步的反抗，这名成年男子便大胆地将另一只手搭在小薇的肩上，试图触摸其胸部。小薇突然站了起来，大声说道："叔叔，请您注意您的行为，这让我很不舒服。"面对全车人异样的眼光，成年男子迅速下车逃走。

| 被侵害者 | 侵害者 | 侵权行为（关键词） |
| --- | --- | --- |
|  |  |  |

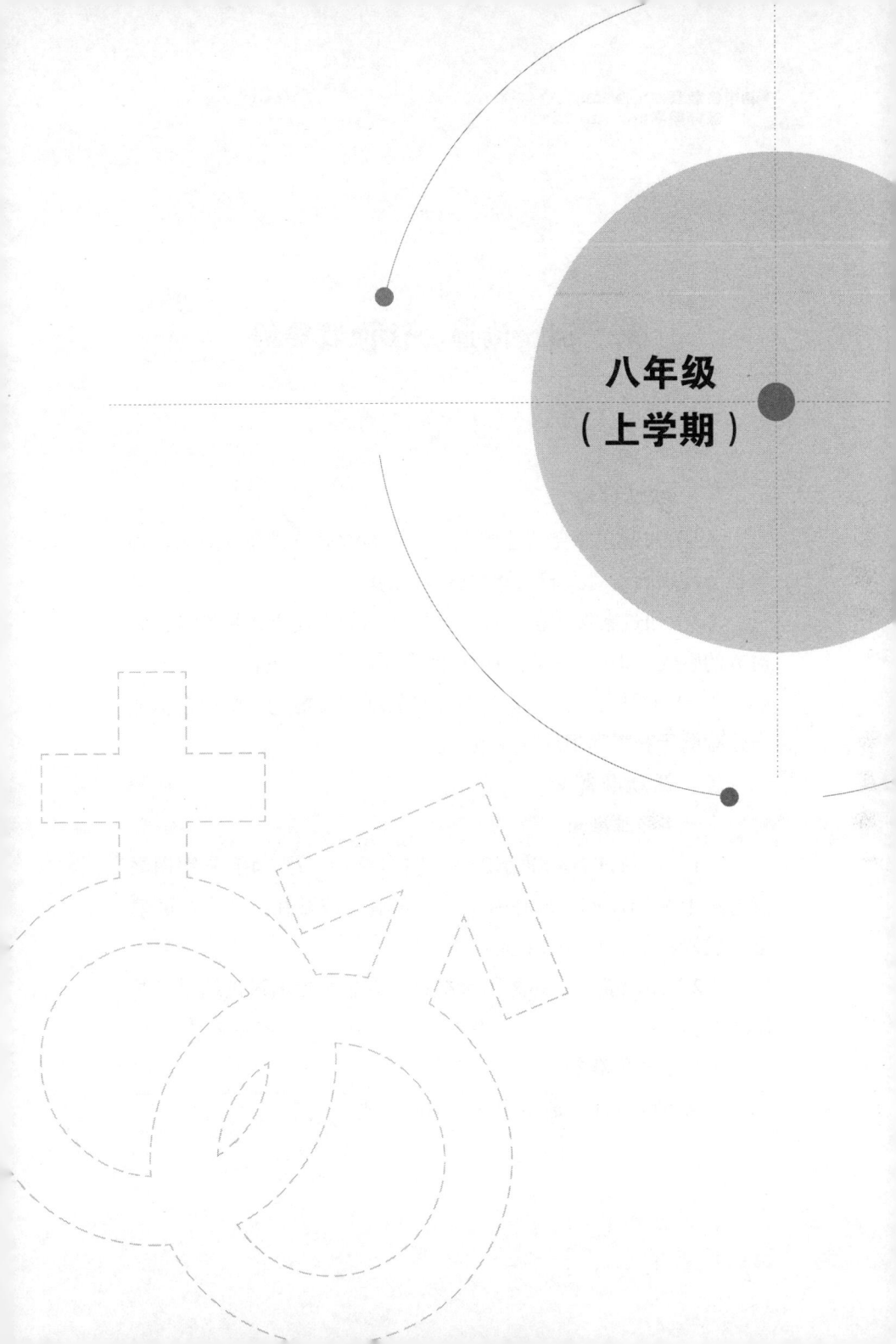

八年级
（上学期）

## 第一课 沟通，让你我更好

### 一、活动目标

（1）知道在冲突情境中人们常用的沟通方式及其效果，理解社会性别因素对人们选择沟通方式的影响。

（2）通过案例分析，体会采用不同的沟通方式带给自己和对方的感受；理解不同情境中可能需要选择不同的沟通方式。

（3）练习运用主张式沟通方式处理冲突情境，懂得自信地表达有助于获得理想的沟通效果。

### 二、活动准备

**（一）教师准备**

（1）材料准备：演示PPT；空白纸；三张A4纸分别用马克笔写上A、B、C，放在教室三个角落（或贴在三个方向的墙上，或放在三个方向的地上）。

（2）知识准备：熟悉附录材料，设想可能的讨论结果，并思考如何回应。

**（二）学生准备**

了解人际交往中通常用到的沟通方式。

## 三、活动过程

**（一）听案例，站立场**

（1）出示案例和问题。

**案例**：米莉为了买音乐会的票已经排了两个多小时的队。卖票的规定是一人只能买一张票。她的脚已经站到发疼，而且她心里有些焦急，因为现在是她妈妈要她回家的时间。还好她前面只剩下5个人了，她确信她可以买到票。可就在这时，不知从哪里冒出两个女孩，大呼小叫地与站在米莉前面的一个女孩打招呼，然后就插到了米莉前面。

**问题**：如果你是米莉，你会怎么办？

（2）以PPT出示三个选项，请学生根据自己的选择分别对应站在放有字母纸的三个角，形成三个组。

A组：站在那儿非常生气，但是什么也不说。

B组：呵斥那两个女孩，指责她们不守规则，素质低下；威胁说如果她们不从前面离开就会对她们不客气。

C组：告诉那两个女孩，大家都排了很久的队，她们如果要买票的话，应该到后面去排队。

学生选择好立场后，互相观察一下哪个选项的人最多，哪个最少；每个选项的选择者在性别上有没有数量差异，并对这种差异做出解释。

老师可以提问：对男生来说，是否B组才是符合他们性别要求的表现？如果男生选择了A组反应，你会不会嘲笑他们胆小，不够男子气？

（3）各组学生交流他们做出各自选择的原因，并总结写在小白纸上。5分钟后各组派一名代表总结陈述。

（4）分组采访。

A组：站在那儿内心很愤怒，却什么也不说，是什么感受？这样的反应有什么好处？可能有什么不良后果？

B组：责骂和威胁的处理方式，会让两个插队女孩产生什么感受？她们可能会有什么反应？

C组：这样的提醒，两个女孩可能做何反应？最坏的结果可能是什么？

（5）换情境，重选立场。

如果案例中插队的人是两个身材高大、长相凶狠，看起来极不友善的成年男性，你们的选择会有改变吗？改变的理由是什么？

（6）在黑板上写下"主张式""攻击式"和"被动式"。让学生把它们和分享的回答配对。

（7）教师用PPT展示说明为什么在这种情况下主张式沟通方式通常是最好的选择；在一些特殊场合，为了更好地保护自己，在尊重对方的前提下进行被动式沟通，也是较好的选择。社会性别刻板印象会影响人们选择沟通方式（详见附录二）。

（二）角色扮演：自信地表达自己的意见

（1）由C组的同学推举若干表演小组（视时间充裕程度而定），每小组三人，复原案例中的情境，由其中一人扮演米莉，以主张式沟通向插队者表达意见，要注意语气自信、坚定，但没有攻击性。

（2）每小组表演完后，大家点评，提改进建议。

（三）教师结语

攻击式沟通几乎无法避免冲突升级；而主张式沟通在多数

情况下是比较好的选择，自信而坚定的表达有助于产生良好效果；特殊情境下被动式沟通也是一种选择，意识到风险存在时安全第一，主张权利和维护权益次之。

## 四、实施途径建议

（1）班会课。

（2）性健康教育专题课/讲座。

（3）学科课程（生物学、道德与法治）。

附录

附录一：沟通类型

1. 被动式沟通

被动式沟通意味着不表达你自己的需要或感受，或者是表达很微弱以至于无人理会。

如果米莉采用被动式沟通，站在那儿什么都不说，她很可能对自己和两个女孩都感到愤怒。如果轮到她的时候票已经售完，她也许会非常难过和后悔，但这时已经太迟而不能改变局面。

被动式沟通通常不是对自己最有利的，因为这默许了他人侵犯自己的权益。当然在某些场合被动式沟通是最合适的选择。如果评估到当前的形势可能存在危险，选择最能保持自己人身安全的回应才是上策。

有人会认为女性不应当太强势，所以遇到冲突应以隐忍为上；然而这并不公平，性别不应当成为权益受损而不反对的理由。

2. 攻击式沟通

攻击式沟通是用威胁、嘲讽或羞辱等可能冒犯对方的方式去表达感受和提出要求。

如果米莉大骂那两个女孩或是威胁她们,她也许在那一瞬间感到很强悍,但这并不能保证那两个女孩就会因此离开。最重要的是,那两个女孩和她们的朋友也许会以同样的行为回击米莉;如果冲突升级,对双方都没有好处。

攻击式沟通从来就不是对自己最有利的,因为这几乎总会导致冲突的升级。

有的男性为了体现自己的强悍或"男子气概",认为攻击式沟通才是符合自己性别的沟通方式,然而这是不合理的。

3. 主张式沟通

主张式沟通意味着以诚实而尊重对方的方式向对方说出自己的感受或提出要求,不侵犯对方的权益也不贬低他人。

如果米莉告诉那两个女孩大家都在排队,她们也应该到队尾去排队,那么米莉并没有贬低她们,而仅仅是声明了一个事实。最后米莉会因坚持自己的权利而自豪,同时她也可能获得其他在排队的人的支持。

主张式沟通几乎总是对自己最有利的,因为这是一种最有可能让自己提出想法又不至于冒犯他人的沟通方式。但是在某些时候,主张式沟通会不恰当。如果对方脾气很大,或是自己处在一个不安全的地方,主张式沟通就不再合适了。

附录二:关于主张式沟通

在进行主张式沟通时,应该做到以下几点:

(1)清楚声明自己想要或需要的,通过捍卫自己的权利来得到自己想要或需要的。

（2）要求得到自己所想要的。

（3）说出自己的想法或感受。

（4）拒绝做对自己不利的事。

（5）尊重他人，不威胁、不惩治或羞辱他人。

（6）提出主张的目的是得到自己想要得到的结果，它可以通过两种基本的交流方式获得：提出自己所想要的，拒绝自己所不想要的。

## 第二课 爱相伴，向左走，向右走

### 一、活动目标
（1）了解青春期异性之间情感的不同成分。
（2）懂得在不同情境之下，异性情感发展方向的取舍原则和方法。

### 二、活动准备
#### （一）教师准备
教学PPT；把全班学生分成5组或10组，确保每组男生和女生人数基本相等；尽量在小组讨论环节让不同的小组成员发言。

#### （二）学生准备
课前思考：异性伙伴之间可以有哪些感情？可以建立哪些关系？

### 三、活动过程
#### （一）导入：聊聊异性朋友
教师导入语：我们每个人身边除了同性伙伴，还有异性伙伴。在大家的身边，或你校外的朋友身边，有没有异性朋友呢？大家来分享一下与他们之间的故事吧。

教学提示：学生自愿分享。可以同桌之间私下分享，也可以在全班同学面前分享。

**（二）青春期故事**

（1）教师导入语：在现实生活中，受到多种因素的影响，异性之间的亲密关系可能会发展为另外的情感如喜欢、爱等，这种情况下，我们该如何做决定？下面我将给大家出示这样一个故事，但这个故事并不完整，需要同学们给出后续剧情，并以角色扮演的方式将剧情呈现给大家。每组编剧时间8分钟，排练剧情10分钟；每个组表演时间3分钟（5个组共计15～20分钟）。

（2）引出方芳和王强的故事（PPT出示，教师朗读）。

方芳和王强是初中二年级的学生，两人是邻居，经常一起上学、放学。在班级上，王强是班长，方芳是团支部书记，两人因为工作经常在一起讨论交流。渐渐地，王强对方芳产生了微妙的情感。一方面王强心里因这份暗恋而心生甜蜜；另一方面也因此纠结：要不要向方芳表白自己的心意呢？

**（三）分情境编剧与表演**

用PPT出示各个情境任务，并由各组认领任务。如果班额大，共分10组，则每个情境表演任务由两个组承担；如果仅有5组，则一个组认领一个情境表演任务。

1. 情境一：不表白

王强考虑了很久，终于决定不向方芳表白。

思考：在面对方芳时，他该如何处理自己对方芳的暗恋之情呢？他们之间可以如何交往？

编剧并表演：王强与方芳在学习和工作中的接触。

2. 情境二：决定表白

王强考虑了很久，终于决定向方芳表白。

思考:那么在表白之前,王强需要做好哪些心理准备呢?

编剧并表演:王强向方芳表白。

3. 情境三:表白后遭拒

王强考虑了很久,终于决定向方芳表白;面对王强的表白,方芳出于各种考虑,决定拒绝王强的表白。

思考:方芳可以用什么方式拒绝?拒绝过程需要注意什么?

编剧并表演:方芳拒绝王强的表白。

4. 情境四:表白得到接受后

王强考虑了很久,终于决定向方芳表白;面对王强的表白,方芳接受了,两人建立了恋爱关系。但相处了一段时间之后,方芳逐渐发现彼此相处不合适,想结束这段恋情。

思考:提出终止恋爱关系,应该注意什么?如何做才有利于和平分手?被提出分手,应该如何对待?

编剧并表演:方芳向王强提出结束恋爱关系。

5. 情境五:恋爱后分手

与情境四一样,只是想提出分手的人是王强。

思考:同情境四。

编剧并表演:王强向方芳提出结束恋爱关系。

教师对学生呈现的情境剧情,进行点评,可参考附录中的内容。

结课,教师做简短总结,学生分享收获。

### 四、实施途径建议

(1)心理课堂。

(2)青春课堂。

(3)主题班会课。

第二课　爱相伴，向左走，向右走

附录
关于对中学生恋爱的建议
1. 表白
表白只是发展关系的邀请，并不是建立关系的命令，对方有权利做出接受或拒绝的决定，要尊重对方的选择与决定。当你决定向对方表白，就要做好两手准备：对方接受表白和对方拒绝了自己。如果对方接受，要珍惜这段关系，珍惜对方对你的信任；如果对方拒绝，也要尊重对方的决定，不能以自伤自残相威胁，更不能以伤害对方相要挟，这是缺乏自尊也不尊重对方的表现，是不成熟的行为。

2. 拒绝他人的表白
面对他人的表白，应当尊重。若自己不打算接受，可以委婉而明确地表明态度；也可以直接说出自己的决定，但不要出口伤人，伤害他人的自尊。冒犯他人的尊严并不会提升自己在他人眼中的价值，倒可能为自己招致意外的伤害。
建议在前一课介绍的三种沟通方式中选一种，巩固沟通技能。

3. 失恋
恋爱本就是相互探索、再做决定的过程。无论其中哪一方在相处中发现彼此不适合，都有权利提出终止恋爱关系。

4. 恋爱
恋爱是一个很严肃的课题，每个人都需要花费时间与精力去学习与实践。总之，恋爱的美好需要双方一起努力，需要有充分的心理准备。

## 第三课 新生命的孕育

一、活动目标

（1）了解怀孕后身体可能出现的迹象，懂得常见的怀孕检测手段；了解胎儿的各个发育阶段。

（2）了解不同生产方式及其适用性，理解提倡自然分娩的理由。

（3）理解怀孕对母亲身体的影响，培养学生关心照顾孕妇的意识。

二、活动准备

（一）教师准备

（1）教学课件：在网上下载关于受精过程的视频与图片。

（2）重达5公斤的沙包，或以书包代替。

（二）学生准备

（1）了解有关怀孕的相关知识，包括怀孕的迹象、怀孕检测方式、孕期注意事项等。

（2）向母亲了解自己出生时的情况（顺产还是剖宫产，有无难产或其他意外情况），并了解母亲的生产感受。

## 三、活动过程

### （一）寻找精子的足迹

（1）解释：每个人最初都是由一个精子和一个卵子结合形成受精卵，然后在子宫中发育形成胚胎，经过大约280天的孕育最终形成生命的。

（2）观看视频：《受精过程》。

（3）教师总结：我们每个人都是独一无二的，所以我们要珍惜这来之不易的生命，并且要善待每一个生命。

（4）教学提示：这部分内容是在小学时学过的，已有一定基础，所以可以处理简略一些。

### （二）怀孕的迹象

（1）学生交流所了解的怀孕的迹象及检测方法。

（2）教师总结介绍（见附录一）。

### （三）怀孕过程中的风险及胎儿的发育

（1）教师导入：怀孕后，医生会告诉孕妇很多相关的注意事项，以尽量避免孕期母子发生健康风险。大家听说过哪些注意事项？

（2）学生分享，相互补充。

（3）教师对学生提供的信息进行甄别，纠正错误说法，补充未尽之处。

过渡语：新的生命在我们的关切呵护下一天天健康地长大，每一天都会有较大的变化。

（4）观看视频或图片，了解胎儿的发育过程（这属于复习小学阶段的知识，可以简略处理）。

### (四)怀孕体验

(1)教师阐述:通常,母亲们都怀着期待的心情,孕育和迎接小生命的到来。但是,不论怀孕还是分娩,对母亲来讲都是一场考验。为了新生命的到来,母亲们在爱的力量支持下,以可敬的勇气面对这些困难与考验。在她们看来,这一切都是值得的。

(2)观看视频:《体验孕妇》。

(3)简单解释并引出下面的体验活动。

(4)邀请两名学生(一男一女)在胸前背上装有沙包或装满书的书包,环绕教室一周,做出下蹲拾笔、扫地、坐下、起立等简单动作。

(5)让体验者分享活动感受,并谈谈在公交或地铁上遇见孕妇时,应当如何帮助她们。

### (五)顺产还是剖宫产

教师导入:母亲不仅在怀孕期间要遇到许多的困难,在最后即将迎接新生命的时候,还要面临很大的考验,那就是分娩。

(1)以举手的方式统计班上学生的出生方式(顺产还是剖宫产),看是哪一种方式居多;并从两种出生方式中各请一位学生分享自己的出生过程。

(2)教师补充介绍几种分娩方式及优缺点。

### (六)归纳总结

同学们,通过今天的学习,我们知道了人是如何一步步成长,并孕育出来的,也知道了我们每个人都是家里的宝贝,我们是在父母的爱情滋润下孕育和诞生的。感恩父母!我们应该珍惜生命，同时在生活中注意关心和保护孕妇。

**四、实施途径建议**

（1）心理课。

（2）墙报/板报/宣传页/配备相关书籍。

（3）班会/团会/校会。

（4）校医院卫生保健处。

（5）性健康教育专题课/讲座。

（6）学科课程（科学、生物学、体育与健康、道德与法治）。

（7）世界月经日主题活动。


附录

附录一：怀孕迹象

（1）月经停止：这是一般人最常注意到的怀孕征兆。正值生育年龄的女性，月经正常，在性行为后超过正常月经周期10天以上未来月经，就有可能是怀孕了，这是怀孕的最早信号。超过月经周期未出现月经的时间越长，妊娠的可能性就越大。

（2）乳房增大、有肿胀及刺痛感，这是怀孕早期普通会出现的生理现象。此外，还有乳晕颜色变深、乳房皮下浅静脉明显可见、乳晕外周皮脂腺肥大而形成结节状隆起等变化。

（3）早孕反应：约有半数以上女性在孕初期会出现头昏、疲乏、嗜睡、食欲缺乏、偏食、厌油、恶心、晨起呕吐等症状。症状的严重程度和持续时间因人而异，多数在孕12周左右消失。

（4）皮肤有变化：可能会产生皮肤色素沉着或腹壁产生妊娠纹，尤其怀孕后期更为明显。

（5）阴道黏膜变色：怀孕初期，阴道黏膜可能会因充血水肿而变软呈紫蓝色，这要由专业医生来判断。

（6）尿频：妊娠早期增大的子宫，在盆腔内压迫膀胱及盆腔充血刺激，常会有尿频的现象发生。一般怀孕3个月后，子宫上升进入腹腔，尿频症状消失。

附录二：分娩方式及优缺点

1. 自然分娩

自然分娩是指在有安全保障的前提下，通常不加以人工干预手段，让胎儿经阴道娩出的分娩方式。

（1）优点：

①产妇产后恢复快。

②产妇产后可立即进食，可喂哺母乳。

③产妇仅会阴部位有伤口。

④产妇并发症少。

⑤对婴儿来说，从产道出来后，其肺功能得到锻炼，皮肤神经末梢经刺激得到按摩，其神经、感觉系统发育较好，整个身体功能的发展也较好。

⑥产妇腹部恢复快，可很快恢复原来的平坦状态。

（2）缺点：

①产妇产前阵痛。

②产妇阴道生产过程中可能伴随大出血等危急突发状况。

③产妇阴道松弛。

④产妇因子宫脱垂而产生后遗症。

2. 剖宫分娩

剖宫分娩（也叫剖宫产）就是剖开腹壁及子宫，取出胎儿。若病例选择得当，施术及时，不但可挽救母子生命，还能使母亲保持正常的生产机能和继续繁殖后代的能力。

（1）优点：

①基于某种原因，对于不可能从阴道自然分娩的产妇施行剖宫产，可以挽救母婴的生命。产妇以下情况需要剖宫产：自然分娩无法达成，或经阴道自然分娩可能对产妇或胎儿有危险时，需要采用剖宫产。

②如果施行剖宫产，于宫缩尚未开始前就施行手术，可以免去母亲遭受阵痛之苦。

③产妇腹腔内如有其他疾病时，也可一并处理，如合并卵巢肿瘤或切除浆膜下子宫肌瘤。

④对产妇施行结扎手术较方便。

⑤对不宜保留子宫的情况，如严重感染、凶险型前置胎盘、子宫破裂等，亦可同时切除子宫。

（2）缺点：

①产妇出血量较多。

②产妇并发症较多。

③产后恢复较慢。

④住院时间长。

⑤剖宫产术后一般应2年后再怀孕，否则易引起子宫破裂。

3. 无痛分娩

无痛分娩在医学上被称为分娩镇痛，是用各种方法使分娩时的疼痛减轻甚至消失的一种分娩手术。一种方法是药物性的，应用麻醉药或镇痛药来达到镇痛效果，药物性分娩镇痛多用局部麻醉；另一种方法是非药物性的，通过产前训练、指导子宫收缩时的呼吸等来减轻产痛。分娩时按摩疼痛部位或利用中医针灸等方法，也能在不同程度上缓解分娩时的疼痛，这也属于非药物性分娩镇痛。

（1）优点：

①解除产妇对分娩疼痛的恐惧感。

②起效快，作用可靠。

③缓解产痛带来的不良生理反应。

（2）缺点：

①技术含量高，需专业麻醉医师操作。

②有技术风险。

③若药物剂量和浓度选择不当，将对产程及母婴产生不良影响。

4. 水中分娩

水中分娩，即在水里生孩子。其定义是：新生儿娩出时完全浸没在水中。在此过程中，新生儿的头部完全浸没在水中直到身体全部在水下娩出，随后立即将新生儿抱出水面。

（1）优点：

①最大限度地减少产妇待产的痛苦。

②可缩短分娩产程。

③可降低产妇血压。

④可让产妇更清晰地感受分娩过程。

⑤水体流动性使得产妇可以自主选择分娩最舒服的位置。

⑥可使情绪紧张的产妇更容易放松。

⑦可给产妇一个积极的支持保护空间，节省产妇体力。

⑧可以减少药物和其他介入治疗的使用。

⑨可能减少剖宫产概率。

（2）缺点：

①产妇容易被感染。

②费用昂贵。

③生产时很难监测到胎儿的心跳情况。

# 第四课 应对同伴压力

## 一、活动目标

（1）回顾同伴压力的概念。

（2）通过案例分析，了解当面临不良同伴压力的影响时，应该如何坚持自己的决定。

（3）通过角色扮演，学习应对生活中出现同伴压力时的方法。

## 二、活动准备

### （一）教师准备

将情境案例印在一张A4纸上，制成情境卡片。

### （二）学生准备

课前了解同伴压力这一知识点。

## 三、活动过程

### （一）导入：认识同伴压力（4分钟）

（1）教师引入字谜：早上的太阳水汪汪——猜一个字（潮）。潮流——流行的趋势。潮流并不是大家必须跟随的，但决定不跟随潮流有时候需要有一定勇气，因为可能承受一定的压力。

（2）情境体验：班里来了一个新同学小丽，她从农村转学过来,说话时农村口音很重。一时间,班上以模仿她说话为乐,她一说话,模仿声和笑声就此起彼伏。小丽被大家的行为弄得不知所措,甚至不敢多说话。小军觉得这样很无聊,而且也同情小丽的处境,不愿意跟大家一起起哄。但是渐渐地他也成为被攻击的对象,有说他假惺惺的,有说他道貌岸然的;甚至有人当面说他喜欢小丽,所以为她说话。这样一来,小军再不敢制止大家的行为,甚至痛苦地纠结要不要也参与到嘲笑小丽的队伍中,以避免自己成为大家的靶子。

(3)教师总结:今天这节课要讨论的内容是同伴压力。同伴压力是指来自同伴群体,影响个体思想和行为的心理压力;遭遇不良同伴压力的个体有可能为了逃避压力,而放弃个人的立场去参与一些本不打算参与的事情。

**(二)情境角色扮演**

(1)分组讨论情境。将学生分为若干个小组。给每一个小组分发一张情境卡片,小组讨论:如果遇到情境卡片上的情况应该如何应对?

(2)集体讨论以下问题:

①在讨论的情境中,他们都面临了哪些不良的同伴压力?

②哪些方法是应对同伴压力较好的方法?

③如何做到自信地坚持自己的决定,拒绝不良同伴压力?

建议复习主张式沟通技能。

(3)角色扮演。将讨论出来的方法运用到角色扮演中,每组选择其中一个情境(尽量每个情境都有小组选择),并派几名代表把讨论的情境对话表演出来。

## 四、实施途径建议

（1）性健康教育专题课。

（2）心理健康课。

附录

附录一：情境卡片

（1）课间休息的时候，我们几个同学总是喜欢在一起聊天，我也喜欢跟大家聊天，但是我这个人比较内向，不太爱讨论一些有关性的话题，而他们总是会开玩笑似的问我一些我不想回答的问题，并且还会讲黄色笑话，我不喜欢听。是我不合群吗？我该怎么办？

（2）我和同桌的异性同学很谈得来，经常下课时在一起说说笑笑，放学有时也一起出校门。过了不久，同学间便隐隐约约传出一些风言风语，说我和他在谈恋爱。上课时，如果老师同时叫到我们俩的名字，他们就会发出阵阵的哄笑。现在我和他的交往变得十分尴尬，我应该断绝和他的来往吗？

附录二：如何抵抗不良的同伴压力

（1）要有主见，清楚自己应该听谁的，应该与谁保持距离。

（2）不要盲目攀比，不要随波逐流。

（3）不要因为他人的评论而感到沮丧。

（4）如果你对某事坚信不疑，那就把它说出来。

（5）不要害怕别人知道你的为人。

（6）如果你遇到难以拒绝的情形，试着别理它、离开那里，或用委婉、幽默的手段谢绝参与。

# 第五课　携手同行，抗击艾滋

## 一、活动目标
（1）认识艾滋病的致病原因及危害。
（2）了解艾滋病的传播途径，掌握艾滋病的预防方法。
（3）消除对艾滋病的恐惧心理，自觉参与红丝带行动。

## 二、活动准备
### （一）教师准备
（1）打印并提前分发导学案（见附录一），布置课前学习任务。
（2）搜集整理艾滋病患者生活案例。

### （二）学生准备
课前查阅资料，完成导学案"学习准备"栏目的学习。

## 三、活动过程
### （一）导入艾滋病话题
自1981年第一例艾滋病患者被发现和确认以来，40多年间艾滋病如洪水猛兽般，不仅夺去了许多人的生命，更是让人们对艾滋病毒及艾滋病病毒感染者、艾滋病患者心存恐惧。今天我们就一起来认识艾滋病，掌握预防艾滋病的方法。

### （二）认识艾滋病

（1）学生展示学案"学习准备"的学习情况。

（2）教师结合课件指导学生进一步正确认识艾滋病（观看视频《艾滋病及其危害》）。

教学提示：该视频可以网上下载，主要内容包括什么是艾滋病，当前我国艾滋病呈现的几个特点。

（3）用PPT展示最近艾滋病感染标题新闻及典型案例。

过渡指导语：看到这组数据以及刚才的案例，我相信同学们能真切地感受到这么庞大的一个患病群体所面临的痛苦，以及疾病带给我们的压力和恐慌。怎样才能预防艾滋病，这是我们现在最关注的问题。

### （三）预防艾滋病

（1）结合艾滋病的主要传播途径，分组讨论在日常生活中怎样预防艾滋病，并将答案简要记录在导学案中。

教学提示：主要传播途径有三个（这些知识小学应有普及，所以仅复习）。

**性传播途径**：性伴侣、无保护性行为。

**血液传播**：输入不洁血液制品、共用针具、文身、穿耳洞、拔牙等。

**母婴传播**：艾滋病母亲妊娠与母乳喂养。

（2）根据以上传播途径，学生列举和自由补充哪些日常行为属于容易感染艾滋病的高危行为。

教学提示：艾滋病母婴阻断技术可以帮助艾滋病患者生下健康孩子，详见附录二。

（3）教师小结防艾小知识。

要点提示：
①到正规医疗场所就医。
②使用一次性消毒针具。
③不接受不洁血液制品的输入。
④正确使用安全套。
⑤保持单一的性伴侣。
⑥不与他人共用剃须刀、牙刷等。
⑦关心、帮助和不歧视艾滋病患者和艾滋病病毒感染者。

（四）与红丝带同行

（1）过渡语：有同学知道这个图标的含义吗？红丝带——世界艾滋病日的标志。红丝带像一条纽带，将全世界人民紧密地联系在一起，共同抗击艾滋病。同时，折叠成心形的红丝带，也象征着我们要用心去参与防艾工作。

（2）分组讨论以下问题，并将答案记录在导学案中。

为什么我们不能歧视艾滋病患者和艾滋病病毒感染者，而应当关心、帮助他们？作为中学生，我们可以从哪些方面去关爱艾滋病患者和艾滋病病毒感染者？

（3）教学提示：艾滋病患者已经非常不幸，我们应该同情和帮助他们。因为我们的敌人是艾滋病病毒而不是艾滋病患者，所以我们应当关心和帮助他们。我们可以把学到的知识告诉家人和朋友，让他们消除对艾滋病患者的恐惧心理，不歧视他们。我们可以积极参加学校组织的各种防治艾滋病的活动，为那些艾滋病患者送去我们的爱心。

（4）教师点评，并以PPT图片展示社会各界红丝带行动掠影。

点评要点：艾滋病患者的患病原因很多，如果社会对他们持有歧视和偏见，他们必然会千方百计隐瞒自己的病情，这样既不利于治疗，也不利于艾滋病的预防，更不利于维护社会安定。因此，家庭和社会要为他们营造一个友善、理解、关爱的生活和工作环境，鼓励他们积极地生活，改变危险行为，配合治疗。

（5）防艾承诺与宣言：学生齐读防艾承诺与宣言（见附录一），并在导学案相应的位置郑重签名。教师组织学生在校园内张贴防艾宣言书以扩大影响。

### （五）归纳总结

（1）艾滋病虽然凶猛，但却是可防可控的。只要我们养成积极健康的生活方式，采取必要的保护措施，艾滋病是可以战胜的。

（2）我们必须认识到，艾滋病病毒是我们的敌人，但艾滋病病毒感染者和艾滋病患者依然是我们的朋友，我们有责任用爱心和行动来改变偏见，消除歧视，为艾滋病病毒感染者和艾滋病患者创造一个良好的社会氛围。

（3）2016年6月8日，联合国各会员国（包括我国在内）通过了《关于艾滋病病毒/艾滋病问题的政治宣言》，所有领导人一致承诺至2030年终结艾滋病流行，作为他们对当代和子孙后代的馈赠。我们相信，只要全社会携起手来，就一定能有效控制艾滋病！

### 四、实施途径建议

（1）学科课程（生物学）。

（2）性健康教育专题课。

（3）班会。

## 附录

附录一：导学案

## 携手同行，抗击艾滋

班级_____    第_____组    姓名_____

【学习目标】

（1）认识艾滋病的致病原因及危害。

（2）了解艾滋病的传播途径，掌握艾滋病的预防方法。

（3）消除对艾滋病的恐惧心理，自觉参与红丝带行动。

【学习重难点】艾滋病的传播途径及预防方法，消除对艾滋病的恐惧心理。

【学习准备】利用互联网、图书室等资源，收集艾滋病相关信息，完成下列填空。

活动一：认识艾滋病

艾滋病于_____年在美国首次发现和确认，全名为_____，是人体感染了人类免疫缺陷病毒（HIV），又称艾滋病病毒所导致的传染病。

艾滋病毒存在于艾滋病患者和感染者的_____、_____、唾液、泪液、乳汁和尿液中。

艾滋病主要通过_____传播、_____传播、_____传播等。

艾滋病病毒寄生在人体的_____中，能攻击和损伤人体的免疫系统，使人的免疫功能缺损。

今年12月1日是第_____个世界艾滋病日，今年的活动主题是_____。

【课堂互动】结合课件，认识艾滋病，检查学习准备完成情况。

*活动二：预防艾滋病*

结合艾滋病的主要传播途径，思考："在日常生活中怎样预防艾滋病？"将答案简要记录下来，并在小组内进行交流。

*活动三：与红丝带同行*

（1）红丝带的含义：红丝带是_____的标志。

（2）小组讨论交流："为什么我们不能歧视艾滋病患者和艾滋病病毒感染者，而应当关心、帮助他们？作为中学生，我们可以从哪些方面去关爱艾滋病患者和艾滋病病毒感染者？"

（3）防艾承诺与宣言：

我们的敌人是艾滋病毒，而不是艾滋病病毒感染者和艾滋病患者。为了更好地预防艾滋病，我们除了要洁身自爱，根除不良行为，不接受被污染的血液和血液制品的输入，不接受不洁针头的注射和皮下穿刺，还应把爱心和信心给予每一个艾滋病病毒感染者和艾滋病患者。

签名：

【课后实践】请将本节课的收获，向你的亲人和朋友们分享。

【资源链接】以下知识由教师根据权威医学资料整理而成。

携手抗艾　重在预防

第一，主动学习艾滋病相关知识，掌握预防艾滋病的正确方法，认识到艾滋病的危害，提高预防艾滋病的意识。

第二，从自身做起，追求积极向上、健康的生活理念，学会自我保护，远离艾滋病。

第三，积极参与预防艾滋病宣传教育活动和志愿服务行动，宣传艾滋病及其预防知识。

第四，遵章守纪，洁身自爱，珍爱生命，拒绝毒品。

第五，不使用未经检验的血液制品，减少不必要的输血。

第六，不去消毒不严格的医疗机构打针、拔牙、针灸、美容或手术。

第七，不与他人共用牙刷、剃须（刮脸）刀。

第八，避免在日常工作、生活中沾上伤者的血液。

第九，了解艾滋病只是一种病、一种传染病，不是对一种行为的批判，艾滋病患者也仅仅是患病的人。

第十，以积极、正确的态度看待艾滋病病毒感染者和艾滋病患者，关心、理解他们，鼓励他们鼓起生活的勇气，坦然面对疾病，积极治疗。

附录二：艾滋病母婴阻断

所谓"母婴阻断"，是指在艾滋病病毒感染妇女怀孕后，通过孕妇用药、婴儿出生后用药以及人工喂养，阻断艾滋病病毒从母亲传给孩子。

医学证明，有效的艾滋病母婴阻断通常可将母婴垂直传播率降到2%～5%。具体措施包括三个步骤：

（1）艾滋病病毒感染妇女怀孕后应尽早开始使用抗艾滋病病毒的药物，在新生儿出生后，母亲和孩子继续用药，还是现在最为有效的干预方式。因为母婴感染最易发生在分娩期间，越接近分娩，危险性越高，而最危险的时刻就是在分娩时。简言之，如果能用抗艾滋病病毒的药物降低母亲体内的病毒浓度，孩子的感染概率就会降低。

（2）实施产科干预，进行剖宫产。对于病毒载量强且未接受抗病毒治疗、病毒载量未知的孕妇而言，择期剖宫产可有效预防艾滋病母婴传播。

（3）对已感染艾滋病病毒的妇女而言，不宜由本人哺乳，产后应给婴儿选择品质优良与安全的母乳替代品，采用人工喂养法，以避免产后艾滋病经由母乳传播。

# 八年级
（下学期）

## 第六课　做负责任的决定

一、活动目标

（1）评估中学生恋爱的优缺点。

（2）初中生在对性行为做出决定时，可能出现哪些后果？是否会影响他们的健康、未来和生活规划。

二、活动准备

（一）教师准备

（1）根据学生分组数量，用A4纸打印好决策清单（内容见附录一）。

（2）根据学生人数印制关于支持和反对中学生恋爱的决策天平（内容见附录二）。

（二）学生准备

预先想想自己是怎样看待初中生恋爱的。

三、活动过程

（一）导入：后悔药

教师指导语：人们每天都会做一些大大小小的决定，有些决定无关紧要，做何选择都不会有多大影响；有些决定则很重要，一旦决策失误会让我们十分后悔，恨不得重来一次，重新决策。你有过十分后悔的决定吗？

学生同桌交流2~3分钟，然后请1~2位学生自愿分享。

总结：一个糟糕的决定会让我们悔恨不已，给人生带来遗憾。如何才能尽量减少做出令人遗憾的决定呢？这是这堂课我们将要探讨的话题。

**（二）预测结果**

（1）教师导入语：重要决定会在很大程度上影响我们未来的发展，一个明智的决定，有赖于我们对决定可能产生的结果的预测。所以，在做出一个决定之前，对结果要有前瞻性的评估，这样有助于我们做出一个明智的决定。

（2）分组讨论。

①将全班学生分为6组，通过集体讨论，对决策清单（见附录一）上的各项决策项目进行预测，每一项内容至少写出3个可能的结果，并将最好的结果圈出来，在最坏的结果下面画线。时间5分钟。

②每组请一位代表将各条决定的预测结果书写在黑板上。

（3）集体讨论。

①各个小组对结果的预测有哪些相似或不同？为什么？

②我们在做决定时，通常会这么仔细地考虑后果吗？

③所做决定的结果，应该由谁承受？若造成损失，责任由谁来担？

（4）教师总结：每个人在看待同一事物时会有不同的立场和观点。青少年由于经验不足，决策能力不够，因此对结果的预见性较差；加上青春期容易冲动，所以做决定时容易草率，缺乏深思熟虑。一个人应当为自己的决定负责，如果做了一个糟糕的决定，承受了不良后果，也不能因此抱怨或迁怒于人。

**(三)恋爱的决定**

(1)教师导入语:在刚才的活动中,我们讨论了结果对于决策的重要性,接下来,我们要一起来讨论青春期青少年是否可以谈恋爱。我们会从老师、父母和长辈那里听到很多中学生不要谈恋爱的忠告,但当内心爱情澎湃的时候,我们还是非常渴望与所喜欢的人建立恋爱关系。当爱情到来时,中学生有两种关于恋爱的选择:现在恋爱,或者等到以后(比如考上大学)再恋爱。我们自己或身边的同龄人常常有这样的挣扎:一方面想要等到以后更合适的时候再谈恋爱,一方面又很渴望现在就能和所喜欢的人朝夕相处。

(2)头脑风暴,下发决策讨论清单,然后按以下程序进行:

①讨论等到以后(比如上大学以后)恋爱的理由。把他们的答案列在天平的右边;理由应当包括预测以后恋爱可能带来的好处,也包括预测现在恋爱可能带来的不良后果。

②按同样的方法讨论现在恋爱的理由,把他们的答案列在天平的左边,理由应当包括预测以后恋爱可能造成的后果,也包括预测现在恋爱可能带来的益处。并思考:你权衡过你的选择吗?

③权衡各个理由的重要性。给各条理由按1~3分赋分(1=不太重要的理由,2=比较重要的理由,3=极其重要的理由)。

(3)集体总结。

①是什么影响了中学生是否谈恋爱的决定?(答案可能有是否爱上别人、对方是否也爱自己、会不会影响学习、家长如何对待恋爱中的孩子等。)

②中学生恋爱的最好理由是什么?等考上大学再恋爱的最好理由又是什么?

③父母和老师的态度会影响中学生对是否恋爱做出决定吗？

④对一个决定等待心仪者的人，你有可能改变他（她）的想法吗？为什么？反之，对一个决定现在恋爱的人，你能说服他（她）等待吗？

⑤对恋爱说"不"的中学生，最大的损失可能是什么？对恋爱说"是"的中学生，可能遭遇的最大损失又是什么呢？相较而言，你认为哪一个损失是最可怕的？

⑥一个中学生如果打算拒绝恋爱的提议，那他需要做好哪些心理准备？（答案包括但不限于自信而友好地沟通、坚持决定、对抗同伴和求爱者的压力等。）

⑦一个中学生如果打算开始恋爱，那他需要做好哪些心理准备呢？（答案包括但不限于与恋人沟通关系模式、对交往界限的确定、防止影响学习的方法、承受外界的压力等。）

**四、实施途径建议**

（1）性健康教育专题课。

（2）心理健康课。

（3）道德与法治课。

附录

附录一：决策清单

（1）李华打算从商场偷一件运动衫，因为他发现那里管理很混乱，容易得手。

（2）张小雨决定在下周一的升旗仪式上，利用上台演讲后的机会向喜欢的女生表白。

（3）李林计划与几个哥们利用暑假去外地做义工。

（4）吴帅和李菲正在悄悄恋爱，他们约定寒假说服父母，以留下来补课为由，不跟父母去老家过年，然后等父母走了，就可以住在一起。

附录二：关于是否恋爱的决策天平

关于是否恋爱的决策天平

| 现在恋爱的理由 | 赋分 | 考上大学再恋爱的理由 | 赋分 |
| --- | --- | --- | --- |
|  |  |  |  |
|  |  |  |  |
|  |  |  |  |
|  |  |  |  |
|  |  |  |  |
|  |  |  |  |
|  |  |  |  |

## 第六课　做负责任的决定

| _____ | _____ |
| _____ | _____ |
| _____ | _____ |

注：全部理由列出后，再讨论决定给每项理由赋分。

## 第七课 人人都有秘密花园

### 一、活动目标

（1）明确每个人都有权保护隐私，也应该尊重他人的隐私。

（2）知道新型媒体可能对我们形成不受欢迎的性关注。

（3）懂得个人在不违背法律的前提下，有权决定在性方面要做什么和不做什么。

### 二、活动准备

（一）教师准备

（1）材料准备：大白纸或A4纸若干张，用来记录讨论结果。

（2）教学活动准备：熟悉附录的内容，思考各案例可能出现的讨论结果，做到心中有数。

（二）学生准备

利用网络设备查询，输入"隐私""身体健全"等关键词，记录出现信息的多少，并选出一个令自己印象最深刻的案例或新闻，准备与大家分享。

### 三、活动过程

（一）头脑风暴：有关性与性别的隐私

（1）以小组为单位，尽可能多地列出小组成员认为应该得到尊重的性与性别的个人隐私，写在大白纸或A4纸上。

（2）分组汇报讨论结果，先由第一组展示汇报，再由后面的组进行补充。

（3）教师总结：

隐私是一种与公共利益、群体利益无关，当事人不愿他人知道或他人不便知道的个人信息（只能公开于有保密义务的人），当事人不愿他人干涉或他人不便干涉的个人私事，以及当事人不愿他人侵入或他人不便侵入的个人领域。性与性别本身就是一件很私人的事，与此相关的隐私和其他个人隐私一样都应当得到尊重。每个人都有权保护自己的隐私。

（二）使用社交媒体遇到的尴尬事

（1）教师讲述案例：

小丽是一个漂亮的女孩，她的微信头像非常迷人。让她烦恼的是，常常有人申请加她为好友。刚开始她没注意，同意了几个好友申请，结果天天被这些并不认识的人发各种信息骚扰，吓得她只好一个个拉黑。

（2）教师提问：你有过类似的经历吗？如何才能避免某些人通过社交媒体给自己带来骚扰？

（3）组织学生分组讨论以上问题并形成一致意见，每组派一个代表上台分享意见。

（4）教师总结：网络、手机和其他新兴媒体就能成为不受欢迎的性关注来源，使用这些工具时要注意保护隐私安全。

（三）身临其境

（1）出示四个情境，学生分四组讨论和分享感受。讨论主题：当事人应该如何做，才能保护自己的隐私不受侵犯；

另一方应该如何做，才是尊重他人隐私的正确做法（案例见附录）。

（2）各组学生分享感受及具体做法。

（3）教师小结：隐私无处不在，当自己的隐私受到侵犯时，我们有权要求对方停止侵犯行为；我们也应当尊重别人的隐私，不以开玩笑等借口侵犯他人的隐私。

只要不违法，不伤害到他人，每个人都有权掌控在性方面做什么和不做什么，比如以何种方式处理自己的性感受，如何表达自己的感情，如何表现自己的性魅力，希望跟谁建立亲密关系等。这些都是个人的权利，他人无权干涉。

（4）归纳总结：

我们要好好珍惜我们的隐私权。此外，我们还应平等对待、尊重我们身边的每一个人。

## 四、实施途径建议

（1）青春期专题讲座。

（2）性健康教育专题课。

附录

隐私侵犯案例情境

情境一：

我今年上初三，15岁了。我暗恋班里的一个女生，但是一直没有去追求她，只是把想和她说的话写在了日记本里。我没想到我的日记本被我母亲发现了，她生气地质问我是不是早恋了，我说不是，那只是班上用来排节目的一个素材；我母亲再问为什么以情感为题材，我竟无言以对了。

情境二：

小梅今天穿了一件有点透的白色T恤，里面粉色的胸罩若隐若现。同桌男生小杜看见了，大呼小叫地说："哇，我看见了，你穿的粉色内衣。"周围的同学一听都哄笑起来，小梅又羞又怒。

情境三：

初三男生宿舍里，陈南生同学在洗澡，宿舍里卫生间的门闩坏了，没法锁上。这时室友突然把门推开，嘻嘻哈哈地用手机对着陈南生拍，说要公开他的裸照。陈南生差点光着身子冲出去跟他打起来。其他室友过来劝解，才没造成冲突升级。

情境四：

初二女生小玉收到一名男生的表白信，她没有谈恋爱的打算，但不知道如何处理这件事。小玉与闺蜜商量，闺蜜建议她将信交给老师，由老师去处理。小玉觉得有些不妥当，不愿意这样处理。于是闺蜜说小玉其实是喜欢那位男生的，所以才不愿意上交表白信。小玉听了觉得很冤枉，也很生气。

备注：以上案例为编者日常搜集整理所得。

## 第八课　如何预防性侵

一、活动目标

（1）理解性侵害通常发生在权利关系中，侵害者通常处于关系中的强势地位。

（2）社会性别的观念会阻碍受害者求助和反抗侵害。

（3）认同每个人都有权利也有责任举报揭发性侵害行为。

二、活动准备

（一）教师准备

材料准备：性侵害案例搜集与准备。

（二）学生准备

通过网络查找性侵害事件报道，思考这些事件发生的背景、人物关系以及后续影响。

三、活动过程

（一）引入游戏：桃花朵朵开

（1）教师喊口令：桃花朵朵开！学生问：开几朵。教师任意说数目，学生按所说数目抱在一起。如教师答开5朵，学生就5个人抱在一起，不满5人或超过5人则为输。

（2）活动目的：制造身体接触，感受合理身体接触带来的快乐。

（3）教师总结：我们在活动中的身体接触是愉快的、坦然的。但有些身体接触却有可能是他人别有用心，甚至是性侵害的开始。对于这类接触，我们会本能地感到不舒服、反感。这就是潜意识给我们拉响的警报。

**（二）她们的故事**

（1）教师叙述一个性侵害案例。

（2）学生分组讨论：

故事里侵害人与受害人的关系中，谁处于主导强势地位？

受害人为什么一直不敢说，也不求助？后来是什么原因让她终于敢站出来？

如果你处在她那样的处境，你会怎么做？

（3）教师总结：

性侵害是指加害者以威胁、权力、暴力、金钱或甜言蜜语，引诱或胁迫他人与其发生性关系，或屈从其实施的猥亵等其他侵害行为，从而在性方面伤害受害人的行为。受害人因为处于不利地位，如果没有十分确定的支持力量，通常不敢反抗，甚至不敢求助。

这样的经历会给人造成终生难愈的伤痛。尤其当受害人接受不公平的性别观念时，会开始贬低自我价值，将本是加害者的错变成对自我的否定。

事实上，在性侵案中，受害人无须自责，真正错的是伤害他人满足自己欲望的加害者。

**（三）性侵面前，男孩安全吗？**

（1）教师过渡语：刚才大家讨论的案例是未成年女性遭遇性侵害，那么男性是否就是安全的？并非如此。

（2）教师简述一名男性被性侵害的案例。

（3）教师总结：传统社会性别角色让男性也成为受害者，当男性被性侵时，得到的同情和帮助往往比女性少，法律的支持度也更低。

（4）教师请学生思考以下问题：

为什么没有人见义勇为解救受害男士？大家都在干什么？

如果是一位女性当街受辱，周围人会怎么反应？

为什么受害人性别不同，周围人们的反应会有这么大差异？

（5）教师总结：传统社会性别角色期待，让男性耻于求助。无论男女，任何人都有责任和义务举报侵害者。

**（四）挺身而出，反击侵害者**

（1）出示案例，以文本或视频介绍某某性侵男生，多年后部分受害男生站出来揭发其恶劣行径的事件。

（2）提问：

激励他们站出来指证的原因是什么？

一旦遇到类似情形，我们应当怎么做？

受到侵害后，有哪些求助途径？需要接受哪些帮助？

应该如何看待受害者？

（3）教师总结：

作为受害者，可以：寻求法律帮助（法律意识）；向家长、老师和学校反映，寻求必要的帮助和支持；到医院进行检查，防止身体受到伤害，女性还要注意是否怀孕，或者生殖器官是否受到伤害；进行心理咨询，减轻心理压力。

作为知情人，应该：替受害人保密；协助取证与举证；给予支持——是侵害者的错，其他人不需要为此有负罪感；提供陪伴与保护。

**四、实施途径建议**

（1）班会课。

（2）性健康教育专题课。

## 第九课　寻求帮助和支持

### 一、活动目标
（1）能够了解获得性与生殖健康方面帮助的恰当途径。
（2）懂得不应让羞耻和内疚阻碍寻求帮助。
（3）知道恰适的帮助来源能够保守秘密，保护隐私。
（4）认识到利用媒体（例如网络）作为帮助来源时，要进行批判性评估。

### 二、活动准备
#### （一）教师准备
准备性与生殖健康方面的求助案例若干（参见附录一），查阅生殖与健康服务机构的相关信息。

#### （二）学生准备
课前查阅相关生殖健康方面的知识。

### 三、活动过程
#### （一）导入：有关求助的话题
（1）当你需要帮助的时候，你通常会向谁求助？

教师根据学生讨论结果在黑板上列出可求助的对象清单。注意倾听不同个人寻求帮助的途径。对清单上的求助资源进行归类：家庭资源、社会资源、同伴资源。

（2）当遇到与性有关的问题，你会向谁求助？上述清单中有哪些资源是可用的？

将可用资源用红色粉笔标出来。对学生认为不能求助的资源，请他们进一步说明理由。

**（二）案例讨论**

（1）分组讨论。将全班学生分为5～6个小组，每组发放一份案例清单，每组请一个成员念出案例的内容，记录讨论的结果。

（2）请小组代表发表各小组的观点。

（3）逐一对以下问题进行集体讨论，教师总结。

①与性传播感染、艾滋病病毒的咨询、检测和治疗相关的求助途径有哪些？

教学提示：当地疾病预防控制中心及其下属机构，地方正规医院，部分提供性与生殖健康服务和教育的非政府组织。

艾滋病检测途径：带上身份证到当地疾病预防控制中心，可以免费检测；到正规医院（最好是三甲医院）挂号检测，会产生费用；从药店购得艾滋病检测试纸，自行检测。

②如何避免因为羞耻感和内疚感而阻碍求助行为？

教学提示：各个提供帮助的机构均有训练有素的专业人士，他们不会对求助者存歧视态度，且能为求助者保密，保护求助者的个人隐私。

③遭遇性虐待、强奸、家庭暴力和基于性别的暴力时，该如何求助？

教学提示：寻求司法保护（报警与立案），寻求妇联、民政机构等相关单位的帮助，当地居民委员会也可介入提供帮助。

④青少年怀孕后如何求助？

教学提示：向父母或其他监护人求助；如果一开始担心父母责备，可以请学校或老师介入提供帮助。

⑤在哪些地方可以获取安全套？

教学提示：超市、药店等有售，有些地方有安全套自动售卖机，有些机构可免费发放安全套。

（三）什么是良好的帮助？

（1）学生自由讨论并发表意见，然后教师总结补充。

①如果你遇到性与生殖健康问题需要求助，那么这些帮助需要符合什么条件才是你愿意接受的？

教学提示：根据学生回答总结，包括但不限于隐私保护、专业、友善、安全有效等。

②利用媒体求助的时候需要注意些什么？

（2）教师总结：

当有性与生殖健康问题需要求助时，作为未成年人，首先需要得到家庭的帮助与保护；如果与家长沟通有困难，可以请信任的成年人或专业人士介入。但是，要避免独自做决定，以免对自身安全和健康产生进一步危害。

## 四、实施途径建议

（1）性健康教育专题课。

（2）心理健康课。

（3）道德与法治课。

附录

附录一：求助案例清单

（1）敏敏最近发现自己的白带增多，常常把内裤打湿，还能闻到一股难闻的臭味，敏敏可以向谁寻求帮助？

（2）小凡上初二，男友上初三。最近男友经常和她说周围的一些情侣已经发生性关系了，并暗示想要跟她发生性关系。小凡内心很犹豫，因为自己虽然很喜欢男友，却不想这么早就发生性关系，而且母亲也是这么教育她的。一个周末的晚上，男友和她在公园一个隐蔽的角落约会，男友开始有些亲密的举动。小凡奋力想挣脱，无奈力气抵不过男友，她想大喊，但是男友捂住她的嘴并威胁说别人可能会听到。小凡与男友的第一次性行为就这样发生了。过后，小凡感到糟糕到了极点，她觉得自己像是被强奸了。更糟糕的是，过了两个月，小凡发现她怀孕了，但是她不敢告诉自己的父母，也不敢告诉周围的同学。小凡可以向谁寻求帮助？

（3）小芝有时候会听到她父母在进行激烈的争吵。有时，当她的父亲下班回来但晚饭还没有准备好的时候，他就会打她的母亲。有时父亲喝醉了酒，不仅会大骂母亲，也会打骂她，将她和母亲身上打得青一块紫一块的。小芝和她的母亲可以向谁寻求帮助？

附录二：在利用媒体作为帮助来源时，要注意些什么？

对媒体（如电视、网络、杂志等）要进行批判性评估——其是否能够真实地报道事件，而不只是为了吸引公众的眼球，博取关注率。

要判断媒体是否能够保护隐私，从受害者的角度来考虑报道的内容。

对寻求帮助的媒体本身的可靠性要有充分的了解。

## 第十课 价值观与性

### 一、活动目标

（1）能够针对一系列性和生殖健康问题描述自己的个人价值观。

（2）知道在性和生殖健康领域，人们存在多种不同的价值观，呈现多元性。

（3）懂得尊重和宽容不同的价值观、信仰和态度。

### 二、活动准备

#### （一）教师的教学理念和方法准备

（1）为学生提供可以表达自己对待性和生殖健康问题的个人看法的机会，同时让学生了解其他人对这些问题的看法和观点，这样有利于学生了解更多元的性和生殖健康问题的价值观。

（2）让学生有机会去和班级里的其他孩子一对一地沟通不同的行为和价值观，有助于他更多地了解不同价值观和行为形成的原因，从而达到尊重不同价值观和行为的目的。

（3）让学生明白很多问题是没有标准答案的，我们应该学会尊重和宽容不同的人和事，在多元而平等的基础上相互交流。

（4）帮助学生养成对不认同的观点也能倾听并尊重的习惯。

## （二）教师的材料准备

（1）准备一系列性和生殖健康问题的资料（内容参见附录一）。

（2）三张卡片（同意、不同意、不确定）。

（3）写有不同行为和观点的小纸条若干（内容参见附录二，可将内容打印后剪开做成小纸条，一张纸条上写一句观点）。

## 三、活动过程

### （一）你的看法

教师向学生逐一呈现针对性和生殖健康的一系列问题（内容参见附录一），学生可以根据自己的观点，选择站在指定位置。每念完一个问题，待学生站好后，邀请1~2名学生发表自己的观点。

教学提示：站队方式很多，可以指定持认同观点和反对观点的分别站在左右，不确定的站中间；也可以事先将写好"同意""不同意""不确定"的纸张分别放在教室不同位置，供学生根据立场选择站队。

### （二）谁是大赢家？

（1）随机发给学生若干印有性与生殖健康行为和观点的纸条（内容参见附录二），请学生把自己不认可或不喜欢的的纸条和他人交换，并向对方解释原因。最后，持有的纸条上的内容代表的是自己认可的行为和观点。

（2）交换结束之后，请学生发表自己的感想。

建议教师在组织学生讨论时，可以从以下几个方面着手：

①在这次活动中，你了解到你都受到哪些价值观和态度等

的影响，以至于你会拥有这样的观点，它又是如何影响你做出决定的？

②其他人的观点和你有哪些不同？你应该怎么去尊重其他人的不同的价值观和态度等？

### 四、实施途径建议

（1）性健康教育专题课。

（2）心理健康课。

（3）道德与法治课。

附录

附录一：参考观点

（1）男儿应该有泪不轻弹。

（2）贞洁对男女都同等重要。

（3）青年人的未婚性行为是完全可以理解的。

（4）在一个家庭里，男人应该承担养家的主要责任。

（5）性是爱发展到一定程度的必然结果。

（6）学生在宿舍里看色情影片是不道德的。

（7）校医应该将体检中发现的怀孕学生报告给校领导。

附录二：可参考的行为和观点

（还可以根据教师所了解的学生中间普遍存在或有争议的观点进行增删）

男女之间没有纯洁的友谊。

男女之间有纯洁的友谊。

不相信一见钟情。

相信一见钟情。

难以接受男友交往不久就要求发生性行为。
不能接受婚姻或者恋爱关系中双方年龄差距超过 20 岁。
觉得男性应该是家庭中的主导成员。
不接受姐弟恋。
不能接受女友在谈论性方面比自己还开放。
我相信男女睡在一起可以不发生性行为。
喜欢带有一点点大男子主义的男人。
非常不喜欢大男子主义。
讨厌公主病的女生。
喜欢公主气质的女孩。
不喜欢自己的爱人穿丝袜出门。
女主外男主内的男人没出息。
非常不喜欢伴侣去夜店。
女主外男主内也能接受。
支持上大学时父母在孩子包里放安全套。
我反对上大学时父母在孩子包里放安全套,这是纵容。
两性不平等的主要原因是男女先天生理结构的不同。
两性不平等的主要原因是后天社会文化环境和思想。
觉得婚姻需要门当户对。
觉得婚姻最重要的是爱情,即使不门当户对。
觉得婚姻并不是一种理想的生活状态。
不希望有孩子。
喜欢长期单身。
希望未来至少有一个孩子。
不在乎男友是不是处男。

能接受伴侣花心，但不接受对旧情人念念不忘。

能接受伴侣对旧情人念念不忘，但不接受伴侣花心。

觉得即使是恋人，如果在我不同意的情况下发生性行为也是强奸。

九年级
（上学期）

## 第一课  我能约束我自己

### 一、活动目标

（1）全面掌握青春期第二性征变化及个体差异。

（2）理解性感觉、性幻想、性欲等都是个体性成熟后的自然表现。

（3）理解性需求的满足方式必须受到社会规范的制约，个体需要学会管理自己的性冲动。

### 二、活动准备

#### （一）教师准备

（1）材料准备：教学用课件。

（2）理念及方法准备：本课程讨论的话题非常隐私，需要教师在课程开始前与学生约定一些规则，就是在平时性教育课程规则基础之上，要更深入强调隐私保护与尊重的规则。比如，在讨论案例或听同学分享时不能取笑，更不能作为八卦话题拿到课外继续谈论。

#### （二）学生准备

（1）课前在纸条上匿名写下自己关于性的认识、困惑等。

（2）生物课代表在课间将匿名纸条收集到教师准备的盒子里。

## 三、活动过程

### （一）约束自己那颗八卦的心

（1）教师组织学生讨论以下问题：

①哪些工作有保密要求？为什么？

教学提示：如警察、军队、专利研发、商业机密工作、心理咨询等。

②普通人在生活中有没有需要替别人保守秘密的时候？

③可以将答应替人保守的秘密告诉自己信任的人吗？

（2）教师总结：对有保密要求的工作，如果没能保守秘密，是严重的过失或犯罪，会给他人、社会甚至国家带来巨大的负面影响；生活中泄露别人的秘密，轻则失去他人的信任，重则给他人带来不必要的伤害。在这些情况下，我们都需要约束自己，严守秘密。有些人喜欢背后讨论别人的隐私，这是不可取的，我们要学会约束自己那颗八卦的心。

（3）重温性教育课堂规则，着重强调尊重课堂上学生的分享，不能拿出去作为闲聊素材。这是确保教学过程中，学生分享讨论的心理安全感。

### （二）青春期身体变化知多少

（1）学生自由发言，回忆学习过的青春期生理变化知识，互相补充。

（2）教师查漏补缺，进行最后的补充（内容详见附录一）。

### （三）有这样的烦恼怎么办

教师导入语：随着青春期的到来，在荷尔蒙的作用下，我们不但身体形态在发生变化，还会出现以前所没有的与性有关的心理现象，如性感觉、性幻想和性欲。有人因此而感到烦恼。大家看看，以下两名学生遇到这样的烦恼，我们可以给一些建议吗？

（1）PPT出示案例（内容详见附录二）。

（2）分组讨论，给出建议，依次分享。

（3）澄清认识：教师补充讲解这些性心理表现的真相，帮助学生消除这类心理现象引起的焦虑感和罪恶感（内容详见附录三）。

**（四）我能约束我自己**

（1）教师导入语：人都有许多的需求，需求一旦产生了，就渴望得到满足。是不是所有的需求一旦产生，都可以按自己意愿去满足呢？

（2）出示情境材料，提问和讨论（材料详见附录四）。

出示一组情境材料（见附录四第一组），问：他们应该怎么办？应该听从自己内心的欲望吗？讨论完之后出示第二组材料，继续提问和讨论。

教学提示：第一组材料是生活琐事，第二组材料才与性有关。这是为了让学生理解，我们对于性的欲望，和对生活中其他欲望一样，都需要用规范约束自己。

（3）教师总结：任何需要的满足都必须以不违反社会规范为前提，以不损害他人也不伤害自己为前提。一般的生活需要是如此，如人们常说的"君子爱财，取之有道"，对待性需要也是如此。如果不遵守社会规范，轻则被人不齿，重则触犯法律。每个人都需要提高自己的自制力，管理好自己，包括管理自己的性冲动。遵守规范的自我约束，是人格高尚的表现。

### 四、实施途径建议

（1）学科课程（生物学、道德与法治）。
（2）性健康教育专题课/讲座。

附录
附录一：青春期第二性征发育列表

| 年龄/岁 | 女孩 | 男孩 |
|---|---|---|
| 8~9 | 身高突增开始 | — |
| 10~11 | 乳房开始发育，身高突增高峰，出现阴毛 | 身高突增开始，睾丸、阴茎开始增长 |
| 12 | 乳房继续增大 | 身高突增高峰，出现喉结 |
| 13 | 月经初潮出现，出现腋毛 | 出现阴毛，睾丸、阴茎继续增大 |
| 14 | 乳房显著增大 | 变声，出现腋毛 |
| 15 | 脂肪积累增多，胸部变丰满，臀部变圆 | 首次遗精，出现胡须 |
| 16 | 月经有规律 | 阴茎、睾丸已达成人大小 |
| 17~18 | 骨骺愈合，生长基本停止 | 体毛接近成人水平 |
| >19 | — | 骨骺愈合，生长基本停止 |

附录二：性心理现象带来的困扰

小敏是一名初三女生。一次作为啦啦队长组织队员去为校男篮队加油助威之后，发现自己再也忘不掉那个高个子中锋王越。王越就在隔壁班，小敏渴望见到他，经常找借口接触他，借书、还书，安排比赛与啦啦队活动等都是很好的掩护。偶尔王越的手碰到自己，会让小敏战栗，那种过电般的感觉让人迷恋。为此，小敏上课开始走神，幻想自己被王越拥在怀里；甚至偶尔还会梦到这样的情境，令她觉得神魂颠倒。小敏知道，中考在即，过多地沉缅于这种感觉会让自己无心学习，可是又很难克制自己。

附录三：性感觉、性幻想、性欲

1. 性感觉

性感觉是青春期男女所表现出的对异性的特别关注，渴望接触、了解异性，或者对异性萌发出好感或爱慕之情。

2. 性幻想

处于青春期的少男少女，对异性的爱慕和渴望会是很强烈的，但又不能与所爱慕的异性发生性行为以满足自己的欲望。这样就会把曾经在电影、电视、杂志、文艺书籍中看到过的情爱镜头和片段，经过重新组合，虚构出自己与爱慕的异性在一起；有的把想象中的情境用文字写出来告诉他人，以达到自我安慰的目的；这种性幻想在入睡前及睡醒后卧床的那一段时间，以及闲暇时较多出现。

3. 性欲

性欲是指个体渴望与另一个体发生性关系或肉体接触的愿望。科学家一般认为，性欲是一种本能的欲望，对于繁殖下一代有利。在青春期，男性和女性身体内的荷尔蒙激素水平逐渐升高，性机能趋于成熟，性需求旺盛。

附录四：我能约束我自己

看网络小说上瘾了，上课也听不进，想在手机上看。

走在路上想小便了，附近没看到厕所，很想就地解决。

喜欢网络购物平台上的毛绒玩具，没钱买，很想网络借款买下来。

看见别人掉在座位上的漫画书，很想悄悄拿走。

# 第二课　预防性传播疾病

## 一、活动目标

（1）了解性传播疾病的流行趋势及危害。

（2）了解艾滋病与性病的关系。

（3）概述能降低感染或传播艾滋病和其他性传播疾病风险的方式。

（4）认同良好的性行为规范是预防性传播疾病最好的方式之一。

## 二、活动准备

### （一）教师准备

（1）教学课件。

（2）熟悉性病相关资料（见附录）。

### （二）学生准备

统计学生看到过的关于治疗性病的广告。

## 三、活动过程

### （一）制定规则

（1）教师导入语：今天我们要分享的内容是"预防性传播疾病"，可能绝大多数同学会觉得性病离自己的生活很遥远，甚至以一种调侃的心态面对各种疾病的病症或传播。我们在分享时可能会有不同的观点或分歧，开放的课堂氛围有利于大家平等开展对话与讨论，所以我们需要共同制定并遵守一些规则。

（2）学生主持制定规则过程。

参考规则内容如下：

保密：当他人说出自己想法的时候，请你保守秘密。

尊重：当他人阐述自己观点的时候，请你认真倾听。

参与：活动需要每个人参与时，请你积极配合。

接受：听到不同意见的时候，请你给予宽容。

开放：各抒己见，畅所欲言，不探究隐私。

分享：与他人共享知识与感悟是一件快乐的事。

**（二）了解性传播疾病的流行趋势及危害**

（1）学生介绍看到过的关于治疗性病的广告的情况。

教学提示：主要内容包括但不限于发现场所、主要内容、数量等。

（2）介绍全球性传播疾病的流行趋势（见附录一）。

（3）介绍我国法律规定监测的8种性病（见附录二）。

（4）介绍艾滋病、淋病、梅毒的主要危害及传播途径。

（5）小结性传播疾病的主要危害。

要点：永久性不育，失明，宫颈癌，感染新生儿，增加感染艾滋病的风险。如果不治疗，能导致严重后果，甚至危及生命。性病是当今社会严重的社会经济问题和公共卫生问题。

**（三）学会保护自己，远离性病侵害**

（1）阅读案例（参见附录三，也可自行网上搜索相关案例备用），分组讨论：

①性传播疾病患者在心理上与其他传染病患者有何不同？
②患了性病后，是否应该告诉自己的性伴侣并一起去治疗？
③结合性病的传播途径，你认为怎样才能有效预防性病？

（2）教师点评。

要点如下：

①性病患者更为焦虑、自责、自卑，尤其担心来自家人的指责和他人的歧视。

②发现患病后不能对性伴侣隐瞒病情，要坦白并鼓励对方一起检查就医；并且在性病活动期禁止性生活。

③良好的行为规范是最好的预防措施（双方保持专一性伴侣），具体的保护措施（坚持正确使用安全套）能有效预防性病的入侵；性行为中注意自我保护；禁欲；养成良好的个人卫生习惯（提倡淋浴、每日清洗外阴等）。性病通常不会自愈，要及时采取针对性治疗；性伴侣双方应共同接受治疗。

（3）归纳总结。

教学提示：各种性传播疾病都是可以预防的；不发生性交是预防艾滋病病毒和其他性传播疾病感染的最有效手段；拒绝不安全的性行为；避免同时拥有多名性伴侣；若感染了性病，要到正规医院检测或治疗。

**四、实施途径建议**

（1）升旗仪式。

（2）墙报/板报。

（3）综合实践活动。

（4）班会/团会/校会。

（5）校医院（卫生保健处）。

（6）世界艾滋病日主题活动。

（7）性健康教育专题课/讲座。

（8）学科课程（生物学、体育与健康、道德与法治）。

附录

附录一：性病

（1）关于性传播疾病的相关信息（以下内容供参考，可随时根据所搜集的资料更新数据）。

凡是通过性行为和类似性行为传播的疾病，无论其病原体是什么，皆称为性传播疾病。我国被列为性传播疾病的病种有20余种。性病在我国20世纪50年代中期得到了显著控制和减少，甚至一度消失，但80年代死灰复燃，并日益蔓延，这与性行为的开放以及安全套的使用率不高有直接关系。艾滋病是性病的一种，感染了其他性病，尤其是溃疡性的性病，可大大增加感染或传播艾滋病的可能性。

（2）性传播疾病的种类（世界卫生组织规定的性传播疾病种类）：

一级性病：艾滋病。

二级性病：梅毒、淋病、软下疳、性病性淋巴肉芽肿、腹股沟肉芽肿、非淋菌性尿道炎、性病性衣原体病、泌尿生殖道支原体病、细菌性阴道炎、性病性阴道炎、性病性盆腔炎。

三级性病：尖锐湿疣、生殖器疱疹、阴部念珠菌病、传染性软疣、阴部单纯疱疹、乙型肝炎、疥疮、阴虱病、人巨细胞病毒病等。

四级性病：梨形鞭毛虫病、弯曲杆菌病、阿米巴病、沙门氏菌病、志贺氏菌病。

性病可快速蔓延。性病除了通过无保护性行为传播，还可以通过血液传播（输血、吸毒等）、母婴传播（分娩、哺乳等）、医源性感染、皮肤直接接触等，但最主要的传播途径是无保护的性交。

附录二：我国法律规定监测的8种性病

（1）淋病：由淋病双球菌感染引起，主要表现为尿频尿痛，尿道口红肿、流脓和脓性白带等。

（2）梅毒：由梅毒螺旋体感染引起，主要表现为外生殖器硬下疳、溃疡、丘疹鳞屑性皮疹、内脏器官损伤等。

（3）非淋菌性尿道炎：由淋病双球菌以外的病原体感染引起，主要表现为尿道刺痒不适和少量黏液脓性分泌物等。

（4）尖锐湿疣：由人乳头瘤病毒感染引起，主要表现为外生殖器和肛周出现乳头或菜花状赘生物。

（5）软下疳：由嗜血杆菌感染引起，主要表现为外生殖器部位疼痛性溃疡和溃疡瘘管及瘢痕等。

（6）性病性淋巴肉芽肿：由沙眼衣原体感染引起，主要表现为生殖器部位出现局部淋巴结肿大和外生殖器象皮肿以及直肠狭窄。

（7）生殖器疱疹：由单纯疱状病毒HSV-2感染引起，主要表现为外生殖器会阴、肛周等部位出现水疱，水疱易破溃形成糜烂、溃疡等。

（8）艾滋病：一种由艾滋病病毒即人类免疫缺陷病毒（HIV）侵入人体后破坏人体免疫功能，使人体发生多种不可治愈的感染和肿瘤，最终导致死亡的一种严重的慢性进行性传染病。

附录三：性病案例

隐瞒性病实情　导致恋人感染

冯某，女，25岁，并未有性史，因身体不适去检查，被医生诊断为淋病。她认为自己不可能染上此病，因此怀疑医生诊断有误，也拒绝治疗。感染淋病一年后，冯某与韩某相识并建立了恋爱关系，同居并自愿发生了性关系（没有采取任何措施），同居两个月后，韩某感到下身不适，到医院检查，医生告知得了淋病，而且已错过最佳治疗期间，要根治非常困难，并且可能失去生育能力。

# 第三课　消除歧视，正视艾滋

## 一、活动目标

（1）复习巩固不会感染艾滋病的日常生活接触，识别易感染艾滋病的高危行为，为消除艾滋歧视和恐艾情绪做好知识准备。

（2）了解艾滋病传播已从高危人群向普通人群蔓延的现状。

（3）解释积极面对艾滋病病毒感染的重要性和主要内容。

（4）了解和尝试参与支持艾滋病病毒感染者的团体和机构开展的相关活动。

## 二、活动准备

**（一）教师准备**

（1）教学课件，网络上报道的艾滋病歧视典型案例（参见附录二）。

（2）搜集全球及中国艾滋病传播数据。

（3）打印并提前分发导学案（内容见附录三），布置课前学习任务。

**（二）学生准备**

（1）完成导学案"学习准备"的学习。

（2）搜集艾滋病歧视与恐艾案例，供课堂上分享。

## 三、活动过程

### （一）艾滋病知识知多少

（1）学生展示导学案"学习准备"的学习情况。

（2）教师结合课件指导学生复习关于艾滋病的一般知识。

复习要点：什么是艾滋病；艾滋病的主要传播途径有哪些；不会感染艾滋病的日常生活接触有哪些，能识别易感染艾滋病的高危行为。

过渡语：艾滋病虽然凶猛，却是可控可预防的，所以不必有恐艾心理。但是现实生活中人们对艾滋病患者和艾滋病病毒感染者往往唯恐避之不及，因恐艾带给这个群体的歧视，使得他们容易被孤立。

### （二）了解艾滋病歧视事实

（1）学生分享搜集到的艾滋病歧视案例。

（2）教师总结。

总结提示：艾滋病歧视和恐艾现象较为普遍。有人曾在大学生中做过一份调查，其结果显示，有48.6%的大学生说自己和朋友们都害怕艾滋病；有1%的大学生认为艾滋病感染者应该被隔离。由此看来，高校大学生尚且如此，一般民众对艾滋病的了解程度也就可想而知了。

### （三）消除歧视，正视艾滋

（1）介绍全球及中国艾滋病疫情。

要点提示：感染者及患者人数较多，传播从高危人群向一般人群蔓延的态势仍在继续。

（2）结合艾滋病歧视案例，小组讨论并分享：

①你对小峰私改病历手术的行为有何看法？

②你认为隐瞒艾滋病病情进行手术，会造成什么后果？

③在全球艾滋病患者和艾滋病病毒感染的现状下，你认为消除歧视，正视艾滋病的意义有哪些？

教学提示：教师在学生分享讨论结果时，要坚持"非评判"原则，让学生能够畅所欲言。最后教师可以给学生分享案例中专家的见解（参见附录二）。学生可以认同，也可以保留不同意见。

**（四）了解"消除歧视，正视艾滋"的主要内容**

（1）结合课件用图片展示社会各界消除艾滋病歧视的行动。

（2）介绍一些支持艾滋病患者和艾滋病病毒感染者的团体和机构。

（3）归纳总结。

要点参考：同学们应该都知道12月1日为世界艾滋病日，你们知道世界艾滋病零歧视日吗？为了推动全球艾滋病反歧视倡导工作，联合国艾滋病规划署于2014年设立全球性纪念日，将每年的3月1日定为世界艾滋病零歧视日。艾滋病零歧视日的主题标志为蝴蝶，象征着蜕变、重生、美丽和自由，也代表每个人对艾滋病患者和艾滋病病毒感染者的关爱与祝福。要实现"零"艾滋，必先"零"歧视。只有"零"歧视，给艾滋病患者和艾滋病病毒感染者应有的尊严，才能让他们生活正常化；只有"零"歧视，才能让社会正视艾滋病、了解艾滋病，更好地预防艾滋病。同学们，让我们伸出一双手，将艾滋病挡在门外，献出一份爱，让艾滋病患者和艾滋病病毒感染者温暖在心！

## 四、实施途径建议

（1）性健康教育专题课。

（2）心理健康课。

（3）班会课。

附录

附录一：艾滋病知识知多少（复习巩固）

艾滋病是一种病死率极高的传染性疾病，但是艾滋病病毒的传播必须具备一定的条件。多年来，世界各国的科研人员对艾滋病病毒和艾滋病进行了大量的研究，研究结果表明，除性、血液及母婴三种传播途径外，至今没有任何证据表明艾滋病病毒能通过空气、水、食物、土壤、人与人之间的日常生活接触传播。以下行为不会感染艾滋病：

（1）与感染艾滋病病毒的人共同就餐或共用餐具；

（2）与感染艾滋病病毒的人共用水源；

（3）与感染艾滋病病毒的人共用交通工具；

（4）与感染艾滋病病毒的人共用房间；

（5）与感染艾滋病病毒的人共用马桶、洗脸池/盆或其他卫生设备（不包括易造成出血的设备如牙刷、剃须刀等）；

（6）与感染艾滋病病毒的人共用电话、电脑以及其他办公设备；

（7）与感染艾滋病病毒的人共同游泳或淋浴；

（8）与感染艾滋病病毒的人握手、拥抱；

（9）与感染艾滋病病毒的人礼节性接吻；

（10）与感染艾滋病病毒的人近距离交谈；

（11）感染艾滋病病毒的人打喷嚏、咳嗽；

（12）蚊虫叮咬。

总之，只要掌握艾滋病病毒传播的三个途径，与感染艾滋病病毒的人共同生活、工作、学习是安全的。

附录二：艾滋病歧视案例

小伙携带艾滋病就医屡遭拒　私改病历成功手术引争议

因术前被查出携带艾滋病病毒，天津25岁的肺癌患者小峰（化名）在求医时屡次遭拒。在转入第三所医院时，小峰私改病历隐瞒病情，最终手术顺利进行。此事在网上引起广泛讨论，在同情艾滋病患者就医难的同时，多数网友斥责小峰隐瞒病情，认为患者遭遇"拒收"时，应该向疾控部门或卫生主管部门投诉，争取正常途径解决。

焦点1　是否有规定要求艾滋病患者到指定医院进行外科手术？

专家答疑：在非传染病医院，如果医院严格执行消毒隔离制度，接收艾滋病患者是完全没有问题的。没有规定要求艾滋病患者必须到指定医院手术。《艾滋病防治条例》规定，艾滋病病毒感染者和艾滋病患者就医时，应当将感染或者发病的事实如实告知接诊医生。医疗机构不得因就诊的病人是艾滋病患者，推诿或者拒绝对其其他疾病进行治疗。

焦点2　隐瞒艾滋病病情进行手术，会造成什么后果？

专家答疑：外科医生在手术中被划破手套是常事，对于非传染科医生来说，对艾滋病的恐惧是在所难免的。医生有权利知道病人是不是传染病病毒携带者，病人有义务接受相关检测。如果病人隐瞒了病情，医护人员就成了高危人群。万一在做手术时医生割破手，很可能被传染。对医院来说，术前并不需要做一些特殊的准备，术后则要对床单、被套、医疗器械进行严格的消毒。

附录三：导学案

消除歧视，正视艾滋

班级_____ 第_____组 姓名_____

【学习目标】

（1）概述不会感染艾滋病的日常生活接触，识别易感染艾滋病的高危行为。

（2）明确艾滋病传播已从高危人群向普通人群蔓延的现状。

（3）解释积极面对艾滋病病毒感染者和艾滋病患者的重要性和主要内容。

（4）尝试参与支持艾滋病病毒感染者和艾滋病患者的团体和机构的相关活动。

【学习重难点】解释积极面对艾滋病病毒感染者和艾滋病患者的重要性和主要内容。

【学习准备】利用互联网、图书室等，正确认识艾滋病，完成下列填空：

（一）艾滋病知识知多少

艾滋病的全名为_____，是人体感染了人类免疫缺陷病毒（HIV），又称艾滋病病毒所导致的传染病。

艾滋病主要是通过_____传播、_____传播、_____传播等。

多年来，世界各国的科研人员对艾滋病病毒和艾滋病进行了大量的研究，研究结果表明，除性、血液及母婴三种传播途径外，艾滋病病毒能否通过空气、水、食物、土壤、人与人之间的日常生活接触传播？_____。

【课堂互动】

结合课件，认识艾滋，检查学习准备完成情况。

（二）了解艾滋病歧视事实

案例　小伙携带艾滋病就医屡遭拒　私改病历成功手术引争议

（三）认识"消除歧视，正视艾滋"的重要性

结合上述案例，小组讨论：

①你对小伙私改病历手术的行为有何看法？

②你认为隐瞒艾滋病病情进行手术，会造成什么后果？

③在全球艾滋病病毒感染者和艾滋病患者较多的现状下，你认为消除歧视，正视艾滋的意义有哪些？

（四）了解"消除歧视，正视艾滋"的主要内容

（1）社会各界消除艾滋病歧视的行动。

（2）播放一些支持艾滋病病毒感染者和艾滋病患者的团体和机构的视频。

【课后实践】请将本节课的收获，向你的亲人和朋友们分享。

# 第四课　男女平等更和谐

## 一、活动目标

（1）能辨别生活中的性别偏见和性别歧视现象，认同这种现象是不合理的。

（2）理解性别平等对于家庭决策的意义。

（3）知道男性和女性都有可能遭遇有区别的不平等的标准。

## 二、活动准备

### （一）教师准备

材料准备：大白纸两张，马克笔数支，教学用PPT。

### （二）学生准备

（1）了解自己爷爷辈亲人的家庭决策管理情况，观察自己父母相处的情况。

（2）观察生活中的性别偏见和歧视现象。

## 三、活动过程

### （一）破冰：站队游戏

（1）规则：教师陈述一些结论（见附录一），学生根据自己家庭情况判断是与否。答"是"的，站在教师左边；答"不是"的，站在教师右边；不能判断或不确定、不知道的，站在中间。

（2）目的：了解各个家庭的分工及决策情况是否存在性别

因素。

（3）注意事项：每次站好队后，提示学生注意两边的比例，哪方人多，哪方人少。教师可以根据情况随机了解某一组详细情况。

（4）根据站队情况，分析以下问题：爷爷奶奶家里，家庭成员男女平等吗？我们现在的家里，男女平等吗？未来你的家，希望如何做家务分工和家庭决策？

**（二）这样的家庭决策合理吗？**

（1）规则：用PPT一个一个呈现案例（见附录二），让学生讨论这些观点是否存在问题。

（2）目的：认识到生活中经常会有性别偏见。

（3）总结：当带着性别偏见去看人，对人是不公平的；带有性别偏见与歧视去做家庭决定也是不公平和不明智的。

**（三）男女大变身**

（1）活动准备：将两张大白纸贴在墙上，分别在顶端写上"男性品质""女性品质"。

活动指导语：同学们，你所欣赏的男性或女性的优秀品质有哪些呢？请将它们写在大白纸上。重复的就不写了，没有的补充。

（2）学生自由活动，轮流上去将自己欣赏的男性和女性品质写在大白纸上。

（3）教师将两张大白纸上的"男""女"两字划掉互换，然后让学生观察思考。

指导语：现在我把"男"改成"女"，大家看，原先认为属于男性的优秀品质，如果出现在女性身上，是否也是可以的？同样，把"女"换成"男"，是否也令人欣赏？

（4）注意事项：对有些常常被赋予强烈性别色彩的品质要特别分析，比如，原认为"坚强"属于男性，"温柔"属于女性，问：女人坚强是否值得欣赏？男人温柔你喜欢吗？

（5）活动总结：

在传统的刻板性别印象中，男孩应该讲义气、气量大、兴趣广、勇敢坚强、有主见等，女孩应该品质优秀、有上进心、谨慎、心细、温柔、善良、真诚、善解人意等。但实际上，这些优秀品质是人们普遍推崇的，并非哪一个性别所独有。男性温柔、心细同样可贵，女性讲义气、勇敢坚强也一样令人钦佩。

## 四、实施途径建议

（1）性健康教育专题课。

（2）心理健康课。

（3）道德与法治课。

（4）班会课。

附录

附录一：你的家里是这样的吗？

（1）爷爷家里，家务是由奶奶承担的。

（2）爷爷家里，主要的经济来源是爷爷。

（3）爷爷家里，家庭决定由爷爷说了算。

（4）我的家里，家务是妈妈承包的。

（5）我的家里，是妈妈管钱。

（6）我的家里，爸爸的决策权最大。

附录二：这样的家庭决策合理吗？

（1）小两口买了一辆新车，非常高兴。可当天晚上丈夫就告诉妻子,以后开车的事由他来做,妻子尽管也有驾照,但不许单独开出去,除非有他在旁边保驾护航。理由是,女人方位感差,动作技能差,不适合开车。

追问:男司机和女司机,哪个群体出车祸的比例更高?(查资料找数据)

(2)刘毅是一个初一男生,他的好朋友生日快到了,刘毅希望自己的礼物是独一无二的,不是金钱能买到的。刘毅喜欢手工,于是买来很好的细羊绒线,想织一条围巾送给好朋友。刘毅向妈妈请教针织技术与花样,妈妈不但不教,还批评他做这些事有损男孩形象;让他放弃织围巾的想法,另买一件礼物送朋友。

(3)小王夫妻新添了小宝宝,为了照顾好宝宝,他们都认为应该有一个人暂时放弃工作,全身心照顾孩子,等孩子上幼儿园后再重返职场。妻子认为,自己的收入要高很多,现在正处于上升期,有望再次升职加薪;小王单位效益不好,不如由自己挣钱,丈夫在家带孩子更划算。小王也没意见,但小王的母亲非常不满,坚决反对夫妻俩的决定。迫于压力,小王让妻子两头兼顾,上班时间由小王的母亲帮忙在家带孩子。

附录三:关于性别偏见的理解

性别偏见,又称"性别成见",指有关男女两性角色或男女两性差异的偏见。性别歧视,指一种性别成员对另一种性别成员的不平等对待。尤其是男性对女性的不平等对待。

# 第五课 守护边界：识别与应对不礼貌的性关注

## 一、活动目标

（1）明确"不礼貌的性关注"的定义与常见形式（言语挑衅、身体触碰、网络骚扰等）。

（2）理解身体自主权与个人边界的法律与道德意义（引用《中华人民共和国未成年人保护法》《中华人民共和国民法典》相关条款）。

（3）能识别"不礼貌的性关注"言语、肢体、网络等场景中的越界行为。

（4）面对伤害能够掌握"识别危险信号、明确拒绝、保留证据、寻求帮助"四步应对法。

## 二、活动准备

### （一）教师准备

（1）从网络截取不礼貌的性关注视频或图片，做成PPT备用。

（2）下载一些与性关注相关的宣传视频或文案，备用。

### （二）学生准备

（1）收集自己对性关注的感受等。

（2）在网络上查阅性关注的危害等信息。

## 三、活动过程

### （一）导入环节：情境盲盒抽取

（1）将校园常见情境制成盲盒纸条（如和异性靠得太近、转发性暗示表情包、直接和间接的性语言暗示等）。

（2）学生随机抽取，匿名写下"感受关键词"（如愤怒/尴尬/困惑），投入情绪收集箱。

### （二）实践活动环节：红灯行为分类赛

（1）小组将情境纸条按"言语/肢体/视觉/网络"四类张贴，用红黄绿灯贴纸标注危险等级。

（2）教师引导并解答：结合《中华人民共和国民法典》第一千零一十条解释"性骚扰"定义，强调"让你不舒服即为越界"。

### （三）我们可以怎么做？（在虚拟剧情中训练应对技巧）

《假如我被"触碰"》

事件背景：某中学的初二女生小林长得很漂亮，时常被小李夸赞。小林对此习以为常了，并没有特别在意。后来小李总会盯着小林看，这让小林渐渐觉得不舒服，不礼貌。

事件经过：有一天放学小林作为值日生，打扫干净教室以后最后离开，当她走到灯光较暗的实验楼时，突然小李走出来挡在她的面前对她说"我喜欢你"，并用手拉住小林，想拥抱她。

（1）活动筹划：①分组讨论、各抒己见；②教师指导、应对情境模拟。

（2）确定角色：

小林：练习向班主任描述事件细节（时间、地点、证据）。

小李：练习回应班主任询问事件细节（时间、地点、事件、原因）。

旁观者：设计既能保护隐私又有效制止的干预话术。

班主任：模拟处理过程，运用"识别危险信号、明确拒绝、保留证据、寻求帮助"四步应对法。

（3）关键道具准备。

（四）解决方案

（1）针对"被尾随""遭遇肢体骚扰"等情境的应对措施。

①安全地图绘制。

绘制地图：学生分组画出校园平面图。

安全区域：校园公区、教师办公室、保安亭、监控区等。

危险盲区：无人的楼梯间、实验楼转角处、无监控区等。

②设计逃生路线：针对"被尾随""遭遇肢体骚扰"等情境，用箭头标出最快到达安全区的路径。

（2）针对"已经被围堵"等情境的应对措施。

①若周围有人，高声呼救，引起注意，争取脱离困境的机会。

②若周围无人，按生命第一原则，先保生命，事后第一时间求助。

（五）活动总结

学生分享参与体悟，教师总结要点。

四、我的"守护边界"宣言

学生在"守护边界"宣言墙上写下自我承诺：

书写自我承诺："我有权_____"（如拒绝不舒服的拥抱、删除骚扰私信）。

## 五、课后作业

回家与父母讨论并参与模拟情境教育,家长和学生共同练习处理流程。

## 六、实施途径建议

(1)性教育专题课。

(2)主题班会课。

(3)社区安全课堂。

(4)心理课堂。

附录:

一、不礼貌的性关注的定义

不礼貌的性关注是指任何以性为目的,未经对方同意且让对方感到不适的言语、行为或视觉表达。这种行为可能发生在校园、职场、公共场所或网络环境中,轻则让人感到尴尬或不安,重则构成性骚扰甚至性侵犯。

二、常见形式

1. 言语骚扰

带有性暗示的玩笑或评论(如"你今天穿得真性感")。反复询问私人问题(如"你有男朋友吗")。

2. 肢体骚扰

未经允许的触碰(如拍肩、搂腰、摸手)。故意靠近或制造身体接触(如公交车上的"贴背"行为)。

3. 视觉骚扰

偷拍或传播隐私照片(如隐私偷拍、私密照泄露等)。用眼神或动作传递性暗示(如长时间盯视敏感部位)。

4. 网络骚扰

发送性暗示信息或图片（如"发张自拍看看"）。在社交媒体上发布不当评论（如"身材真好，想约"）。

三、如何识别不礼貌的性关注？

1. 核心判断标准

你的感受：如果某种行为让你感到不舒服、尴尬或害怕，即使对方声称"只是开玩笑"，也可能构成不礼貌的性关注。

对方的意图：如果对方的行为明显带有性暗示或试图突破你的身体或心理边界，需提高警惕。

2. 危险信号

对方无视你的拒绝或试图用权力施压。行为发生在封闭或私密空间（如电梯、车内、无人教室）。对方试图用酒精、药物或其他方式削弱你的判断力。

四、权益保护

报警：携带证据前往派出所报案，要求立案调查。

民事诉讼：通过法院要求施害者赔偿精神损失。

平台举报：在网络骚扰案件中，通过社交平台举报功能提交证据。

不礼貌的性关注是一种侵犯他人边界的行为，可能对受害者造成心理伤害。通过识别危险信号、明确拒绝、保留证据、寻求帮助，可以有效应对此类行为。同时，社会需加强性教育与法律保护，共同营造尊重与安全的环境。

九年级
（下学期）

## 第六课 美好的婚姻

### 一、活动目标

（1）理解幸福美好婚姻的共同之处，并能举出实际事例。

（2）知道我国民法典对结婚年龄的规定，明白早婚、童婚的危害性，拒绝早婚和童婚，不做未成年父母。

（3）懂得父母的教养方式会受文化及其性别角色的影响。

### 二、活动准备

#### （一）教师准备

（1）材料准备：教学PPT。

（2）活动准备：给学生分组，每组4~5人；在小组代表发言环节，要求不同的小组成员发言。

（3）规则准备：本课会涉及学生对自己父母及家庭的评价，为避免课后对分享的学生造成困扰，需要在制定规则环节强调：尊重同学的分享，不将同学分享的内容拿到别的地方去谈论；每个人可以评价自己的家庭关系和父母，但禁止评判别人的家庭关系和父母。

#### （二）学生准备

（1）查阅我国对于结婚年龄的规定，并解释这样规定的理由。

（2）对父母的婚姻质量和家庭的幸福程度进行评估，根据评估按百分制打分。

## 三、活动过程

### （一）幸福家庭畅想曲

（1）展示名言：幸福的家庭都是相似的，不幸的家庭各有各的不幸（出自《安娜·卡列尼娜》）。问：幸福的家庭有什么共同特点？

（2）以小组为单位进行交流讨论，小组代表发言；后面的小组在前面发言的基础上做补充。

（3）按这样的标准，你为自己家的幸福指数打多少分？让自评分达到80以上的学生举手，统计人数。

（4）教师小结：

幸福家庭有一些基本特点：家庭成员彼此充满爱；家庭事务的决策平等，大家互相尊重对方的意见；对彼此的过失与不同喜好能够宽容；遇到问题，家庭成员互相支持，互相帮助等。幸福的家庭和美好的婚姻是以爱、宽容和尊重为基础的。

（5）延伸扩展：什么样的家庭会让你感觉不快乐，甚至很痛苦？

### （二）同龄人的另类际遇

（1）出示案例（见附录一），小组讨论：

小芳的婚姻有效吗？

你怎么看小芳家庭让小芳嫁人的决定？

如果你是小芳，面对家庭这样的安排，你会怎么做？

你的父母有可能做出这样的决定吗？为什么？

（2）各组分享讨论结果。

（3）教师小结：

童婚、早婚在我国是违法的，我国民法典规定男性满22岁、女性满20岁后方可结婚。这是基于对青少年健康的维护，以及确保他们有足够的能力承担婚姻的责任。童婚、早婚危害很大，往往让女性过早生育，并难以在婚姻中享受平等对待的权利（详见附录二）。

父母所受的教育会影响他们养育子女的观念。落后地区、文化程度较低的父母，更有可能具有陈旧的观念，做出不利于子女的决定。

我们要对童婚、早婚勇敢地说不，必要时寻求相关部门的帮助。

（三）我的未来不是梦

（1）分组讨论，描述构建美好家庭的蓝图，包括：结婚年龄，最佳子女数量，期待的夫妻相处模式，对子女的教育打算等。

（2）各组派代表分享，并比较一下各组在结婚年龄、打算生育的子女数量等方面的差异。

（3）小结：

当我们有能力承担婚姻的责任与义务时，做好充分的心理准备再进入婚姻，这样才有可能构建一个美好的家庭，让自己的孩子生活在充满爱的家庭中。如果条件不具备，不仅自己难以获得婚姻幸福，还会让子女生活在一个不安定的环境中，很难有快乐的童年。

四、实施途径建议

（1）性健康教育专题课。

（2）心理健康课。

（3）道德与法治课。
（4）班会课。

附录

附录一：同龄人的另类际遇

出生在偏远地区的小芳，由于家里贫穷，母亲多年生病卧床不起，加之家中还有弟弟妹妹两个，生活艰难，欠下近10万元的外债。家里主要劳动力是父亲，他靠种地、打零工赚钱。无奈之下家里只好把刚满14岁读初一的小芳，嫁给了一个40岁的光棍为妻，不到三年的时间里，小芳就生了两个小孩，沉重的家庭负担压得她喘不过气来，看着同龄人高高兴兴地在校读书，小芳只有暗自落泪。

附录二：童婚、早婚的危害

（1）童婚使女孩更加频繁地生育，而青春期怀孕会增加并发症的可能。对于那些被迫和更年长伴侣一起生活的女童，她们丧失了协商安全性行为的权利，并难以获得相关的健康避孕资讯。对于这些"少女妈妈"来说，过早地承担家庭责任和育儿重担可能导致她们和社会脱离，处于和社群脱离的孤立境地。

（2）从长远来看，童婚女孩因生活重心的转移而更难以完成学业，失去受教育和改变命运的机会。而这一切，又使她们失去谋生的能力和勇气，随之而来的是经济无法自立和贫困的死循环。童婚和早婚的受害者还更容易遭遇家庭暴力，其中包括性虐待和婚内强奸。

## 第七课　我的青春我做主

### 一、活动目标

（1）了解性骚扰和性胁迫的表现形式。

（2）认同性骚扰、性胁迫等是侵害人权的恶劣行为，增强自我保护意识。

### 二、活动准备

（一）教师准备

（1）准备教学课件。

（2）打印小组头脑风暴造句纸条（内容及格式参见附录一）。

（3）搜集性骚扰、性胁迫案例备用。

（二）学生准备

从网络上查找关于性骚扰案例的报道，了解性骚扰的类型。

### 三、活动过程

（一）头脑风暴

（1）教师给出词语"做主"的解释，即"主持决断；负责决定"，学生以小组为单位，用"我的××我做主"的格式造句，一分钟后，统计各组的答案（详见附录一）。

（2）教师点评及导入。

## 第七课　我的青春我做主

导入语提示：同学们想要自己做主或者能够自己做主的事情还真不少，但生活中我们很多时候会身不由己，所以凡是能自己做主的事就一定要坚守自己的底线，行使自己的权利。权利和责任是一体的，凡自己做主的事情，也要为结果负责。这节课我们就一起来谈谈我的青春我做主。与青春有关的话题很多，这节课我们要聊的话题是其中敏感的话题之一——性行为。

（二）远离性骚扰、性胁迫

（1）教师给出性骚扰、性胁迫的含义（参见附录二）。

（2）学生列举收集整理的性骚扰案例。

（3）结合案例让学生交流应对措施。

（4）教师点评。

凡是一方向另一方作出不受欢迎的、与性有关的言语或举动，都是损害他人人格尊严、侵犯他人人权的行为，应当受到法律的制裁。对付性骚扰、性胁迫，一是坚决表明拒绝态度，不给对方抱任何幻想。二是积极沟通和使用身体上的防卫技巧：拒绝的态度要明确，平静、清楚地告诉对方你的不悦，请对方尊重你，也请他自爱自重；抽身离开，或利用人群力量吓退性骚扰者。三是寻求帮助：倾诉的对象可以是父母、值得信任的同辈、老师或辅导员等。若是经常受到性骚扰，就必须将发生的日期、时间、地点，对方的行为、说话记录下来，以便作为日后投诉的证据。

（三）七嘴八舌

（1）教师指导语：对于性骚扰和性胁迫这类违法行为，同学们都有了认识，人们对此类现象也是深恶痛绝。为防止受到侵害，我们应该多掌握一些应对措施。老师也搜集了一些典型案例，想听听大家的看法。

（2）出示案例，学生自由发言。出示案例的个数根据剩余课堂时间长短而定。

（3）教师总结：遇到这类行为不能姑息，每个人都有举报的权利，也是一种责任。但同时也需要做好自我保护。

## 四、实施途径建议

（1）班会课。

（2）性健康教育专题课。

附录

附录一：头脑风暴纸条

请以"我的××我做主"的格式造句，时间一分钟。

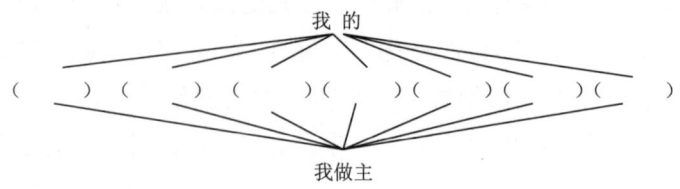

附录二：性骚扰、性胁迫

性骚扰是指任何形式的不受欢迎的言语、非言语的或身体性行为。其侵犯了人的尊严，尤其是制造了胁迫性的、敌意性的、侮辱性的、有辱人格的或令人不安的环境。其包括不情愿的身体接触、性贿赂、提出与性相关的行为作为给予某种利益的条件，以及不涉及身体接触的言语、图文展示、眼神及姿势等。

界定性骚扰行为应把握以下几点：

（1）性骚扰行为必须是行为人故意实施的，而且实施这种行为的目的是满足自己的某种性心理需要。

（2）行为人实施了某种带有性内容的行为，在客观上表现为：向他人讲淫秽笑话、在他人面前展示色情图片和刊物、经常询问他人个人隐私和性生活、身体被他人不必要地触摸或摩擦、被他人强行亲吻或搂抱、向他人表白自己的性需要或提出性要求、在他人面前露出部分身体等。

（3）行为人故意实施的带有性内容的行为违背了对方的意志，是一种不受欢迎的行为。

（4）行为人的行为损害了对方的人格尊严。

性胁迫是指以惩罚的方式威胁受扰者从事与性活动相关或与性有关的行为。

## 第八课 紧急制动：预防怀孕

### 一、活动目标

（1）了解紧急避孕药具的种类及利弊。

（2）了解获得避孕药具的常见途径。

（3）懂得避孕套及其他避孕药具的正确使用方法。

（4）认同避免性交是最好的避孕方式。

### 二、活动准备

**（一）教师准备**

（1）教学课件。

（2）用半张A4纸大小的硬纸板制作避孕产品广告板，每张纸板写一种避孕药具名。

（3）一个玩偶。

（4）分组准备大白纸和马克笔。

**（二）学生准备**

（1）查找有关避孕方法的资料。

（2）回忆以前的课程中总结过的出售或提供避孕药具的场所。

第八课 紧急制动：预防怀孕

## 三、活动过程

### （一）导入游戏：幸福拍手歌

游戏规则：学生面向讲台全体起立，伴随歌曲《幸福拍手歌》的旋律，根据剪辑后的歌词做拍手、拍肩动作。

导入语：在人们的想象中，恋人应该是在花前月下度过幸福时光。然而，有些恋人可能因为某些恋爱行为陷入麻烦。

### （二）自我推销，竞争上岗

（1）教师进行情境设置：出示案例（见附录一）。

指导语：小A事后很害怕，担心发生性行为以后，男朋友会认为自己是一个轻浮的人从而厌弃自己；但她最担心的还是怀孕。现在她很惶惑，希望有办法避免怀孕。

大家在课前都做过功课，如果有谁知道帮助她的办法，可以向她推荐。但她不希望暴露自己，所以请了一个替身（放一把椅子，将玩偶放在上面）。大家可以作为你所了解的避孕药具的代言人，向小A推销产品。

（2）学生自取避孕药具宣传板，到玩偶面前进行2分钟的产品推销。

推销词示范：你好，我是避孕药具推销员。我知道你陷入麻烦，我的产品可以帮助你解除烦恼。这个产品的功能是……它的使用方法是……可能有的副反应是……希望这个产品能帮到你，欢迎你选用。

各种避孕药具推销者都可以把自己的产品与其他品种进行比较宣传，展示产品的优势。

（3）教师最后出场，所持的纸板写的是：避免性交。

这个环节会被学生定义为"马后炮"，以此导入后面一个活动环节。

（三）制定紧急预案

（1）教师指导语：凡事预则立，不预则废；更何况，与其亡羊补牢，提心吊胆，不如事前预防。在刚才那样的情境中提这个方法确实为时已晚。就针对我们预设的情境，来为这些需求者制定一个紧急预案吧。

（2）学生分组，按课前了解的避孕措施，制定预防怀孕的紧急预案。

（3）各组分享预案。

（四）避孕药具地图

（1）学生分组，根据调查，绘制出售或提供避孕药具场所的象征性地图。

（2）将各组所绘地图铺在地上，大家参观。

（3）教师根据情况进行点评及讲解，要点有：一般在计生服务站有免费发放的避孕套、避孕药、避孕栓等，一般在超市、药店、宾馆、街头自动售套机等处可购买避孕套等。

（五）归纳总结

要点提示：不同形式的避孕措施的效率、功效、益处和副作用各有不同；避免性交是防止非意愿怀孕的最有效方法；坚持正确使用安全套可以降低非意愿怀孕的风险，并可预防性病和艾滋病；紧急避孕能够防止非意愿怀孕；青少年有获取避孕用具或安全套的权利。女生20岁之前要掌握的避孕常识：16岁前不宜用内服避孕药，避孕套是最佳选择；16岁以上的人群，最佳避孕方式是口服短效避孕药；在常规避孕失败时要采取紧急避孕措施进行补救，以免造成意外妊娠。

**四、实施途径建议**

（1）班会/团会/校会。

（2）校医院（卫生保健处）。

（3）性健康教育专题课/讲座。

（4）学科课程（生物学、科学、道德与法治）。

附录

附录一：没能"刹车"的烦恼

A某，某职业高中一年级女生，与男朋友恋爱半年，一直坚持不发生性行为。可就在暑假的一天，在男朋友家里，最终没能克制住自己，在男朋友的冲动带动下，放弃坚持，两人的第一次就这样发生了。事后，她很害怕，担心发生性行为以后，男朋友会认为自己是一个轻浮的人从而厌弃自己；但她最担心的还是怀孕。现在她很惶惑，希望有办法避免怀孕。

附录二：几种避孕的方法及利弊

（1）安全期避孕法：避孕成功率70%～80%。在女性下次月经前14天左右，有可能排卵。排卵前体温比较低，排卵后体温可升高0.3～0.5℃，在排卵前后5天以外的其他时间，为性活动的安全期。但是多种因素能够促使女性排卵提前或推迟，可见，这种避孕方法并不是完全可靠的。

（2）药物避孕法：避孕药按照用药途径分为口服、注射、经皮肤、经阴道、经子宫类。根据避孕作用的时间长短又分为长效、短效（避孕成功率99.9%）、速效（探亲）和缓释类。注意，紧急避孕能够防止非意愿怀孕，包括由未避孕或避孕用具的错误使用、避孕失败或性侵犯而导致的非意愿怀孕。紧急避孕药主要有三种：一种是雌孕激素复方制剂。一种是抗孕激素制剂，目前国内使用的是米非司酮片（即弗乃尔），其优点是在无保护性生活后72小时内只需服用一片，妊娠率为2%。一种是单孕激素制剂，目前国内使用的是左炔诺孕酮片（如毓婷或安婷），用法是在无保护性生活72小时内，首次服1片，间隔12小时服第二片；或72小时内一次服用2片，妊娠率为4%。另外，17岁前不宜用内服避孕药。避孕药可使乳汁分泌减少，并影响乳汁的质量；避孕药还能进入乳汁，可能对新生儿产生不良影响，故不推荐哺乳期妇女使用。

（3）工具避孕法：常用避孕工具有子宫环（避孕成功率95%以上）、安全套等。一次性使用的男用安全套，避孕成功率80%～98%。它不仅能安全避孕，还能预防性病和艾滋病。有些女性对子宫环不适应。

（4）外科手术避孕法：避孕成功率99.9%。外科手术避孕也叫绝育手术，包括输精管结扎术和输卵管结扎术，不会影响体内性激素水平，它只是堵塞了精卵相遇的通道，因此，完全不必担心它会消泯人的第二性征，或令结扎者提前进入更年期。相对而言，因为女性的输卵管深藏体内，所以做这个手术痛苦要大一些。另外，特别敏感、神经质的人不宜采取此避孕方法，会有"断了后路"的隐忧。

# 第九课　性、文化与法律

## 一、活动目标

（1）了解我国关于性和两性关系的主要法律；懂得人类的性活动与性关系是社会属性的，都需要用规范来制约；规范包括法律、道德、习俗等。

（2）比较各国对于结婚年龄的法律规定，初步了解这些规定背后的文化背景。

（3）理解文化因素对关于性与性行为的社会规范产生的影响。

## 二、活动准备

### （一）教师准备

（1）欧美一些国家和中国传统婚礼仪式视频或照片。

（2）准备几对打算结婚的新人照片，配上关于这对情侣的年龄与性别信息。

（3）教师提示：本课涉及法律较多，主要让学生了解我国关于性与性关系的法律法规；搜集和查找工作主要由学生来做，帮助学生主动深入去了解。不在乎搜集资料是否齐全，主要在于让学生明白：性既是个人的隐私，也是社会要求规范的一个领域。

（二）学生准备

（1）搜集我国关于性与性关系的法律。

（2）了解其他国家对于法定结婚年龄的规定。

三、活动过程

（一）导入展示事例

（1）播放两段视频（或展示两张照片），内容是关于欧美一些国家婚礼仪式和中国传统婚礼仪式的，问学生：中西方婚礼有何不同？中式婚礼比较典型的表现有哪些？

（2）学生自由发言，发表自己对中西方婚礼差异的认识。

提示：欧美一些国家一般是在教堂举行婚礼，有交换戒指、表达誓言等环节，婚礼主色调以白色为主，代表圣洁；而中国的传统婚礼一般是在家里（农村）或酒店，仪式主要有拜天地、拜父母、夫妻对拜、揭盖头等。

（3）教师总结：中西方婚礼的不同，反映的是文化差异；西式婚礼与当地的宗教信仰有关；我国传统婚礼的仪式与中国的大家庭生活习惯有关，而今天中国婚礼多样化，也正是我国社会转型时期文化观念多样化的表现。

（二）婚姻登记

（1）活动规则：学生分组构成自己的婚姻登记处（国籍自定且可随时变动），老师用PPT出示几对新人照片，每对给学生一分钟讨论时间。学生经讨论确定能否登记结婚，并说明理由。

（2）指导语：同学们，假设现在你在婚姻登记处工作（工作、国度不限），现在有一些想要结婚的人来到你的窗口办理婚姻登记手续，你要确定他们的结合是否有不符合法律规定的地方，有就拒绝，没有就举手表明初审通过。无论你是拒绝还是初审通过，都要举出你所在的国家关于婚姻的规定作为你的判定依据。

（3）展示顺序：

不同年龄、国籍、性别组合。

（4）活动总结：

各国对于结婚的基本条件有不同的规定，尤其是在年龄和性别方面有极大差异。

**（三）有关性的法律知多少**

（1）教师导入语：性与性关系历来都是受到法律及道德等社会规范制约的重要领域，任何国家、任何民族或文化背景都不例外，只是各国规定存在差异。大家在课前做了充分的功课，我们来看看，我国关于性和性关系的法律有哪些？

（2）学生根据自己课前的准备情况自由发言，一位学生代表将列出来的法律写在黑板上，后续发言者可不断补充介绍自己的查找结果。

（3）教师总结：性是人的基本需要，但是和人类其他需要一样，满足需要的方式必须是合法的，不能违反法律规定，否则将受到制裁。在法律规范不到的地方，就有较为弹性的道德规范作为补充。

特别强调：我国法律规定，成年人与14岁以下的未成年女性发生性关系，无论其是否表达同意，均按强奸罪论处。这是为了保护未成年少女的健康与安全。

**四、实施途径建议**

（1）性健康教育专题课。

（2）心理健康课。

（3）道德与法治课。

## 第十课 性与多元媒介

### 一、活动目标

（1）知识目标：学生能够列举出网络社交中涉性的风险与危害，了解媒介中涉性亚文化的常见表现形式。

（2）技能目标：学生能够分辨多元媒介中存在的涉性亚文化，提出规避涉性风险的有效措施。

（3）态度目标：学生认同媒介中涉性亚文化对青少年会产生一定的影响，树立正确的网络社交观念，增强自我保护意识。

### 二、活动准备

（一）教师准备

（1）收集网络社交软件中涉性风险的真实案例，包括文字、图片、视频等，确保案例具有代表性且符合学生年龄特点。

（2）准备关于媒介中涉性亚文化的资料，包括其定义、表现形式、传播途径等内容，制作成PPT课件，便于讲解和展示。

（3）设计小组讨论问题和活动任务单，引导学生在小组合作中深入思考和探讨。

（4）与学校心理辅导教师或相关专业人士沟通，了解学生在面对网络涉性问题时可能产生的心理反应和应对策略，以便在活动中给予学生正确的引导和帮助。

（5）准备一些关于网络安全和健康社交的小知识卡片、宣传手册等资料，用于活动最后的拓展延伸环节，供学生进一步学习和参考。

### （二）学生准备

（1）教师提前布置任务，将全班学生分为五组，每个小组推选一名组长，负责组织小组成员在活动中的讨论和汇报工作。

（2）组长组织小组成员提前调查自己或身边学生在使用网络社交软件时遇到的可疑或不适的情况，记录下来，以便在活动中分享和讨论。

（3）思考自己对网络社交中涉性问题的看法和态度，准备在课堂上表达自己的观点和想法。

## 三、活动过程

### （一）视频导入

教师播放一段关于青少年因网络社交涉性问题而陷入困境的短视频，引起学生的关注和兴趣。视频播放结束后，教师提问："同学们，你们在使用网络社交软件时，有没有遇到过类似的情况？或者有没有听说过类似的事情？"引导学生分享自己的经历或所见所闻，从而引出本次活动的主题——网络软件中涉性的风险与危害，以及多元媒介中涉性亚文化对青少年的影响。

### （二）网络社交中涉性风险与危害的探讨

首先，教师向学生展示收集到的网络社交中涉性风险的真实案例，包括网络性骚扰、网络性诈骗、网络性暴力等，引导学生仔细观察和分析。

其次，教师将学生分成若干小组，每组围绕一个案例展开讨论，要求小组成员列举出案例中所涉风险与危害，并思考这些风险产生的原因。在这一过程中，教师巡视各小组，了解讨论情况，适时给予指导和提示。

讨论完成后，各小组推选一名代表，向全班汇报本组的讨论结果。教师在学生汇报的基础上进行总结和补充，明确网络社交软件中涉性的风险与危害：对个人身心健康造成伤害，如引发心理压力、焦虑、恐惧等情绪；可能导致个人隐私泄露，给自身带来安全隐患；影响正常的学习和生活，分散注意力，浪费时间和精力等。

（三）多元媒介中涉性亚文化的辨析

教师利用PPT课件，向学生介绍多元媒介中涉性亚文化的定义、常见表现形式（如低俗的网络表情包、不良的网络用语、过度渲染性暗示的影视作品片段等）及其传播途径（主要通过社交媒体平台、短视频平台等传播），并展示一些典型的涉性亚文化案例，让学生直观感受其特点和危害。同时，教师引导学生思考这些涉性亚文化是如何吸引青少年的注意力并对其产生影响的。在这一过程中，教师观察学生的反应，并随机展示一些网络信息，包括文字、图片、视频片段等，让学生现场判断其中是否含有涉性亚文化内容，并说明判断依据。

（四）应对策略的探讨与总结

（1）教师提出问题："面对网络社交的涉性风险和多元媒介中的涉性亚文化，我们应该如何保护自己？请大家以小组为单位，讨论并提出一些有效的应对措施。"各小组展开热烈讨论，教师提醒学生从技术手段、心理调适、行为规范等多个角度进行思考。

（2）各小组汇报本组的应对措施，教师对学生的回答进行整理和归纳。

（3）教师再次强调网络社交安全的重要性，提醒学生在日常生活中要时刻保持警惕，自觉抵制网络社交中的不良诱惑，做到文明上网、健康社交。

（4）教师对本次活动进行总结，强调通过本次课程的学习，希望大家能够深刻认识到网络社交中的涉性风险与危害以及多元媒介中涉性亚文化对青少年的影响，掌握分辨和应对的方法，树立正确的网络社交观念，共同营造一个健康、安全的网络环境。

**四、课后作业**

回家后和家长宣传所学的内容，自觉写一份抵御网络不良信息的"自我约定"。

**五、实施途径建议**

（1）主题班会课。

（2）生物课。

（3）社区心理课。


附录

附录一：媒介中涉性亚文化的常见表现形式

（1）低俗网络表情包：一些表情包包含明显的性暗示或低俗内容，通过社交媒体广泛传播，容易对青少年的价值观产生误导。

（2）不良网络用语：部分网络用语带有性暗示或低俗意味，这些用语在青少年群体中流行，可能影响他们的语言习惯和道德观念。

（3）过度渲染性暗示的影视作品片段：一些短视频平台上传播的影视作品片段，通过剪辑和配音，突出性暗示内容，吸引青少年关注。

（4）不良网络小说：部分网络小说以性内容为卖点，情节低俗，容易引发青少年对性的好奇和误解。

（5）不良音乐和歌词：一些网络音乐作品中包含低俗、带有性暗示的歌词，通过网络传播，会对青少年产生不良影响。

附录二：网络安全与健康社交小知识卡片

（1）网络安全小贴士：定期更新密码，使用复杂的密码组合。不随意点击陌生链接，避免个人信息泄露。安装安全软件，定期进行系统扫描。使用网络社交软件的隐私设置，限制陌生人查看个人信息。

（2）健康社交小贴士：网络交友需谨慎，不随意添加陌生人为好友。遇到不良性内容或骚扰，及时向家长、老师或专业人士求助。树立正确的价值观，不传播、不参与不良网络性文化。